图书馆精选文丛

语文杂话

朱自清 著

Copyright © 2021 by SDX Joint Publishing Company.
All Rights Reserved.
本作品版权由生活·读书·新知三联书店所有。
未经许可,不得翻印。

图书在版编目(CIP)数据

语文杂话/朱自清著. —北京:生活·读书·新知三联书店, 2021.1
(图书馆精选文丛)
ISBN 978 – 7 – 108 – 07011 – 1

Ⅰ.①语… Ⅱ.①朱… Ⅲ.①汉语-教育理论-文集
Ⅳ.① H19-53

中国版本图书馆 CIP 数据核字(2020)第 219430 号

责任编辑	卫	纯
装帧设计	刘	洋
责任印制	董	欢

出版发行 生活·讀書·新知 三联书店
 (北京市东城区美术馆东街 22 号 100010)
网　　址 www.sdxjpc.com
经　　销 新华书店
印　　刷 北京市松源印刷有限公司
版　　次 2021 年 1 月北京第 1 版
　　　　 2021 年 1 月北京第 1 次印刷
开　　本 880 毫米×1230 毫米 1/32 印张 7.5
字　　数 140 千字
印　　数 0,001 – 6,000 册
定　　价 36.00 元

(印装查询:01064002715;邮购查询:01084010542)

写在前面

朱自清（1898—1948）是现代著名的诗人和散文家，是在古典文学领域治学严谨、有较高造诣的学者，同时还是把毕生心血无私地奉献给万千学子的语文教育家。作者自 1920 年从北京大学哲学系毕业到 1925 年暑假，曾先后在七所中学从事中学语文教学工作。之后，作者赴北京任清华大学教授。他初进清华园，除了开设"古今诗选"、"中国新文学研究"、"歌谣"等专门课程外，还主讲"普通国文"；后来担任了国文系主任，他仍然亲自担任"大一国文"课程，并对这门课程的教学目的、教材编选以及讲授方法等方面进行了系统的研究。在这些过程中，朱自清先生广泛研读国内学者的论著，并结合自身的实践加以思考和抉择，倡议创办《国文月刊》，曾与叶圣陶合著

《国文教学》、《精读指导举隅》、《略读指导举隅》，又为开明书店编纂国文教科书，为改进中学语文的教材教法做出了贡献。

《语文杂话》是一本体现朱自清先生关注语文教育的小书。作者认为"中学生念国文的目的，不外乎获得文学的常识，培养鉴赏的能力和练习表现的技术"，因此全书也正围绕这三方面展开论述：作者强调选本与教材的选择至关重要，希望选家能"用心"择选，使之"有目的有意义"，以使学生获得"一般人应有的中国文学常识"；同时希望学生能在阅读中不断涵咏、体会，"揣摩"作者的"心怀"，"然后才发现其中的奥蕴"，这既是鉴赏能力的提高，也是从"讲读"到"写作"的必经之路；而在写作训练上，作者不但对遣词造句有"贴切"上的要求，更对具体文本进行了亲自的讲解示范。这样的成书，应对的是中学以上写作者切实的问题，会对在校师生与写作爱好者有实际的助益。

本书所据底本为1985年河南教育出版社版《朱自清论语文教育》，本次三联出版该书，在原书基础上进行了文章的增删、重排，并订正了少量的错讹。三联书店于20世纪80年代陆续刊行过朱自清先生的

《欧游杂记》、《你我》、《经典常谈》、《标准与尺度》、《论雅俗共赏》、《朱自清序跋书评集》和《新诗杂话》。此次将该书取题为《语文杂话》，也是希望将朱自清先生这本关于语文教育的专题文编与其著述形成一个连续的系列。

生活·讀書·新知 三联书店编辑部

2012年1月

目 录

论中国文学选本与专籍 …………………… 1
论大学国文选目 …………………………… 6
论教本与写作 ……………………………… 13
了解与欣赏 ………………………………… 30
　　——这里讨论的是关于了解与欣赏能力的训练
怎样学习国文 ……………………………… 38
　　——在昆明中法中学讲演
文学与语言 ………………………………… 44

高中毕业生国文程度一斑 ………………… 51
中学生的国文程度 ………………………… 57
再论中学生的国文程度 …………………… 68

论朗读 …………………………………… 79
诵读教学 ………………………………… 92
诵读教学与"文学的国语" ……………… 96
论诵读 …………………………………… 101

论诗学门径 ……………………………… 109
关于"月夜蝉声" ………………………… 118
《古诗十九首释》前言 …………………… 121
论百读不厌 ……………………………… 127
《唐诗三百首》指导大概 ………………… 137

文病类例(词汇) ………………………… 186
剪裁一例 ………………………………… 208
写作杂谈 ………………………………… 222
人话 ……………………………………… 230

论中国文学选本与专籍[*]

有一位朋友在大学里教词史，他的学生问他，读词是哪几种选本好。他和我们谈起这件事，当作一个笑话：大学生还只晓得读选本！他论的是大学生，自然不错。但对于大学生以外的人，譬如说中学生罢，这个意见就很值得讨论了。近世中国学人有一个传统，就是看不起选本。他们觉得读书若只读选本，只算是陋人而不是学人。这也有时代背景的。明朝以来，读书人全靠八股文猎取功名；他们用不着多读书，只消拿几种选本加意揣摩，便什么都有了。所以选本风行一时；大家脑子里有的是文章，而切实地做学问的却少。八股文选本风行以后，别种文体的选本也多起来；取材的标准以至评语圈点，大都受八股文的影响。空疏俗滥，辗转流传。选本为人诟病的主要原因在此。

---

[*] 选自1930年《中学生》第10号。

这种风气诚然是陋，是要不得，但因此便抹杀一切选本和选家，却是不公道的。

近代兴办学校以后，大学中学国文课程的标准共有三变：一是以专籍为课本，二是用选本，三还是用选本，但加上课外参考书。一是清光绪中《钦定学堂章程》中所规定，二是自然的转变。转变的原因，据我想，是因为学校中科目太多了，不能在文字上费很多的精力。三是胡适之先生的提倡。他在《中学国文的教授》一文里，力主教学生多读参考书。后来人便纷纷开书目，又分出精读、泛读等名目。中学如此，大学自然更该如此。但实际上学生读那些课外参考书的，截至现在为止，似乎还不多。道尔顿制流行的时候，照实施该制的学校的表册看，应该有些学生真正读过些参考书；可惜未及知其详，该制就渐渐不大有人提起了。结果，大体还是以选本为主，只不过让学生另外多知道些书名而已。选本势力之大，由此可见；虽反对选本的人也不能否认。

大学生姑且不谈；就中学生说，我并不反对他们读选本，无论教授及自修。但单读选本是不够的，还得辅以相当分量的参考书（胡先生所拟议的太多了，中学生即使是文科的，怕也来不及）和严格的督促。

我想中学生念国文的目的，不外乎获得文学的常识，培养鉴赏的能力，和练习表现的技术。无论读文言白话，俱是如此。我主张大家都用白话作文，但文言必须要读；词汇与成语，风格与技巧，白话都还有借助于文言的地方。这三种目的里，三是作文方面，现在不论。论前两种，则读选本实为最经济、最有效的办法。旧说选本的毛病共有三件：一是太熟太狭，如上所言。这是取材关系，补救极易。曾国藩《经史百家杂钞》已见及此；近年的选本更多推陈出新，自经史至于笔记、译文、诗、词、曲等，都可入选，只可惜又太零碎了。二是偏而不全，读者往往以一二篇概其余，养成不正确的观念。这是分量关系，也可矫正，详在下节。三是读者易为选者成见所囿，不能运用自家的思考力。但在中学生，常识还不够作判断的根据，只要指给他不致太偏的选本，于他正是适宜的引导。若让他读几本专书，他于这几本书即使能有自己的意见，而对于相关的材料知道太少，那样意见也不会正确。若要他将相关的重要专籍都读过，又是时间所不许。——其实真正编得有道理的选本，也还有它的价值。读过专籍的人，可以拿它来印证自己的意见，增进对于原书的了解，不过这已不是中学生的事了。我说的选本是指用心选出来的，有目的有意义的而言；至于随手检阅而得，只要是著名的人著名的篇，便印为讲义，今日预备明日之用，这是碰本，不是选本。这种也许可以叫做"模范文"，但文之可以为"模范"者甚多，碰着的便是"模范"，碰不着的便不是，是什么道理？

　　选本的标准不同：或以时代，或以体制，或以事类，或以派别，或以人，或以地；也有兼用两种标准的。为中学生起见，我主张初中用分体办法；体不必多，叙事、写景、议论三种便够。因为初中学生对于文字的效用还未了然；这样做，意在给他打好鉴赏力和表现力的基础。类目标明与否，无甚关系，但文应以类相从。材料取近人白话作品及译文为主，辅以古今浅近的文言，不必采录古白话，古白话小说可另作参考之用。去取看表现艺术，思想也当注意。高中用分代分家办法，全选文言。分代只须包括周秦、汉魏、晋南北朝、唐宋的文和诗，加上宋词、元曲。每种只选最重要的几个大家，家数少，每家作品便多，不致有上文所说以一二篇概全体的弊病。每家不能专选一方面，大品与小品都要有。我主张只选这几个时代，并非看轻以后作品，只因最脍炙人口的东西，也就是一般人应有的中国文学常识，都在这几个时代内。中学生是不必求备的，这样尽够了，求备怕反浮而不切了。这种选本分量不致很多，再有简明的注，毋须逐字逐句地讲解或检查，便是理科的学生也可相当采取的。文明书局有分代的诗文读本，有注，但还嫌家数太多，方面也太多。分人是进一步的专精的读法。专籍往往太多，且瑕瑜互见，徒乱初学心目；故我也主张用选本。旧有的如《十八家诗钞》，颇合用，《四史菁华录》虽选而且删，却仍然好；——新的各种"精华"（中华、商务都有），当分别地看。这种宜用作参考书。此外可多读小说，古今作译，只要著名的都行，小说增加人的经验，提示种种生活的样式，又有趣味，最是文学入门的捷径。杂剧、传奇也可读，文字也许困难些。最后，各种关于中国文学的通论或导言，也是好的参考书；本刊编者夏先生①曾说要编辑中学生丛书，其中必有一部分是关于中国文学的。这种书应以精实为贵，但单读这种书，还不免是戏论，非与前说各种选本及参考书印证不可；因为那些是第一原料。

九月二十八夜，北平

---

① 本刊，指《中学生》杂志；夏先生，即夏丏尊。——编者注

论大学国文选目

《高等教育》的编者将朱孟实先生《就部颁大学国文选目论大学国文教材》一文抄给作者看，让作者写些意见；因为作者是参加拟定这个选目的六人之一。这个选目是去年六月教育部召集的大一国文编选会拟定的。编选会的主席是魏建功先生。关于这个选目和这个会的正式说明，自然该由魏先生担任。本篇只是作者个人的意见；对于编选会的了解如有错误，作者当自负责任。

朱先生说："大学国文不是中国学术思想，也还不能算是中国文学，它主要的是一种语文训练。"这句话代表大部分人对于大一国文的意见。作者却以为

---

 * 选自作者与叶圣陶合著的《国文教学》，开明书店1945年4月出版。

大学国文不但是一种语文训练，而且是一种文化训练。朱先生希望大学生的写作能够"辞明理达，文从字顺"；"文从字顺"是语文训练的事，"辞明理达"便是文化训练的事。这似乎只将朱先生所谓语文训练分成两方面看，并无大不同处。但从此引申，我们的见解就颇为差异。所谓文化训练就是使学生对于物，对于我，对于今，对于古，更能明达，也就是朱先生所谓"深一层"的"立本"。这自然不是国文一科目的责任，但国文也该分担起这个责任。——别的科目凡用到国文的，其实也该分担起语文训练的责任。——不过在一年的国文教材里，物、我、今、古，兼容并包，一定驳杂而琐碎，失去训练的作用。要训练有效，必得有所侧重；或重今，或重古，都有道理。重今以现代文化为主，全选语体文，必要时也可选一些所谓"新文言"（例如朱先生所提到的《大公报》社评）。翻译的语体文或新文言，明确而流利的，也该选，而且该占大部分。重古以文学古典为主，所谓历代文学的代表作。

重今的选本可以将文化训练和语文训练完全合为一事；用朱先生的语词，便是将"立本"和"示范"合为一事。这是最合乎理想的办法，也是最能引起学生兴趣的办法。可是办不到。一则和现行的中学国文教材冲突,二则和现行大学国文教材也冲突。无论哪个大学都还不愿这样标新立异。作者服务的国立西南联合大学,虽然开了风气将一些语体文收在"国文选"里,但也没有清一色的做去。这是时机还没有成熟的原故。重古的选本有久长的传统,自然顺手顺眼。但不能达成"示范"的任务。周秦文也罢,汉魏六朝文也罢,唐宋明清文也罢,都和现行的新文言相差太远。而一般人所期望于大学生的,至多只是能够写作新文言;那些文学古典既不易学,学会了也还不是应用的新文言,自然便少有人去学了。那么,这些古文又怎样能示范呢?其实就是梁启超先生的文体,也已和新文言隔了一层,他的《常识文范》早已不是"文范"了。照作者的意见,青年人连新文言都不必学,只消写通了语体文就成(西南联大一年级生就限作语体文)。无论如何,重古的选本不可避免的使阅读和写作脱了节。多年来大学师生都感到这种困难;只有让学生课外阅读语体文的书来弥补这语文训练的缺陷。——西南联合大学"国文选"收录语体文,是比课外阅读进了一步。

部颁大学国文选目的"编订要旨"只从了解、欣赏、修养三方面说，不提发表方面，正为了不能兼顾。编选会对于大学国文教育目的却有这一方面的议决案："在发表方面，能作通顺而无不合文法之文字。"大家的意思似乎也觉得大一学生只能继续练习语体文或新文言，而选目中的文字不能示范，所以编订要旨只从阅读方面立论。这种牺牲可以说是"实逼处此"。这个选目是重古的，而且侧重周秦两汉，如朱先生所指出的。这有两个原因：一是文学古典太多，一年的教材里还是不能兼容并包，还非有所侧重不可。那么，侧重唐以前呢？还是侧重唐以后呢？这就到了第二个原因了。现行的高中国文教材，周秦两汉文入选的并不少，唐以后文更多。为连贯起见，大学教材自然应该侧重唐以前文。至于学生了解力远在教材的标准之下，确是事实。作者觉得这由于中学教材太高深和中学的教学太马虎之故。教学方面，现在不论。教材方面，编选会拟定的那个选目，一面固然求与中学教材连贯，一面还有矫正的意思。编选会议定的选文标准有"酌量避免与中学重复"一条，正是注重连贯。但必要时初中国文里已经见的，这个选目里也收入。例如《礼记·礼运》和柳宗元《封建论》，商务的《复兴初级中学国文教科书》中就有。大家觉得这两篇文字给初中学生读，嫌高深些；这里选了，以后初中就可以不选了。高中学生固然可以读这两篇文字，但大家也希望以后高中教材不再选这两篇（《礼运》篇可只选第一节）；高中和大学的教材这才可以连贯起来。这里有一种作用，这个选目虽然侧重唐以前文，尤其侧重周秦两汉文，可是都尽量选那些词句比较容易懂的。现行的高中教材里，尽有比选目中各篇艰涩的。这选目是要定出一种标准，使以后中学教材按照着调整，不要再选那些太高深的文字。这自然还希望部里能够通盘筹划。

朱先生希望大学生"有藉注解而读群经诸子，不藉注解而读两汉以后散文，而略通其大意的能力"。编选会的希望大概也只是如此。大家议定选文有注释：一、"有旧注用旧注；旧注多家，采用通行者。可以删补，务求明确。"二、"无旧注者，加简明之注释。"注释就由编选人分任。作者的理想是用语体文注释，但一时不容易办。照现在所定的，如可以克期完成，也未尝不好。至于周秦文词句上有些问题，至今还无定论，旧注也靠不住，原是事实。不过在大学一年级学生，只须"略通其大意"就成；那些问题，应该指出，却不必深究。讲解也以讨论大意为主，不致多费时间。朱先生说一篇《离骚》"至少也要十几小时的讲解"，其实若印出注释，上课时只以讨论大意为主，四小时也尽够了。选目中各文，篇幅多较长。这因为向来选录古书，多加删节，不免散碎。这次所选，以全篇为原则，意在使读者能够得着比较完整的印象。篇幅既长，注释就必须印出，讲解也必须以讨论大意为主。

朱先生主张多选近代文，以为"时代愈近，生活状况和思想形态愈与我们相同，愈易了解，也愈易引起兴趣"。据作者十余年担任大一国文的经验，这句话并不尽然。一般学生根本就不愿读古文；凡是古文，他们觉得隔着他们老远的，周秦如此，唐宋明清也一样。其中原因现在无暇讨论。作者曾见过抗战前国立山东大学的国文选目，入选的多是历代抗敌的文字，据说学生颇感兴趣。但这办法似乎太偏窄，而且其中文学古典太少。再说兴趣这东西不宜过分重视，尤其在大学生，教育还当注意整个人格的发展。兴趣是常会变动的，训练应该循序渐进地训练下去，有时候必须使学生勉强而行之，就现阶段各级学校的国文教材看，作者觉得部定的大学国文选目可以说是占住了适当的地位。但作者并不以为这是百年大计。上文所谓重今的选本也许有一天会取重古的选本而代之的；那一定在初高中的教材根本变革以后。说到这里，可以谈一谈选目中没有语体文的问题；这是朱先生文中提及也是许多朋友常问及的。编选会的前身是二十九年一个谈话会，作者没有参加；那次会里拟了"生人不录"一个标准。这个标准虽然在法律上没有约束力，可是事实上影响很大。因此初选目录中只有三篇语体文，鲁迅先生两篇，徐志摩先生一篇，是两个人选的。编选会开会时，既然侧重唐以前文，现代语体文自然就不被大家注意。作者曾经提出讨论，但那三篇语体文终于全未入选。大学国文的传统本不选语体文，看了部里征集来的各大学的选目就知道。西南联大开始打破这传统，也只是最近三四年的事。编选会的选目要由教育部颁行；教育部站在政府的地位，得顾到各方面的意见。刚起头的新倾向，就希望它采取，似乎不易。这回选目里不见语体文，可以说也并非意外。好在课外阅读尽可专重语体文，补充"示范"的作用。而日子越久，语体文应用越广，大学国文选目自然会渐渐容纳它的——这个我坚确地相信。

论教本与写作[*]

叶圣陶先生在《国文教学的两种基本观念》里说：

> 其实国文所包的范围很宽广，文学只是其中一个较小的范围，文学之外，同样包在国文的大范围里头的还有非文学的文字，就是普通文。这包括书信、宣言、报告书、说明书等等应用文，以及平正地写状一件东西载录一件事情的记叙文，条畅地阐明一个原理发挥一个意见的论说文。中学生要应付生活，阅读与写作的训练就不能不在文学之外，同时以这种普通文为对象。

---

[*] 选自作者与叶圣陶合著的《国文教学》。

这是对于现阶段的国文教学的最切要的意见,值得大家详细讨论。本篇想就叶先生的话加以引申,特别着重在写作的训练上。

还得从阅读说起。现在许多中学生乃至大学生对于国文教学有一种共同的不满意,就是教材和作文好像是不相关联的,在各走各的路。他们可只觉得文言教材如此。爱作白话文的,觉得文言文不能帮助他们的写作,原在意中。就是愿意学些应用的文言的,也觉得教材的文言五花八门的,样样有一点儿,样样也只有一点儿,没法依据。一般中学生对于教材的白话文,兴趣似乎好些。第一,容易懂;第二,可以学,他们的爱好却偏重在文学,就是教材的白话记叙文(包括描写文)、抒情文的部分。欣赏文学和写作文学似乎是一种骄傲,即使不足夸耀于人,也可以教自己满意。至于说明文和议论文,他们觉得干燥无味,多半忽略过去。再有,白话说明文和议论文适于选作教材的也不多;现在所选的往往只是凑数。这大概也是引不起学生兴趣的一个原因。

文言的教材,目的不外两个:一是给学生做写作的榜样或范本,二是使学生了解本国固有文化。这后一种也可以叫做古典的训练。我主张现在中等学校里已经无须教学生练习文言的写作，但古典的训练却是必要的。不过在现行课程标准未变更以前，中学生还得练习文言的写作，要练习文言的写作，一面得按浦江清先生的提议①，初中时代从单句起手；一面文言教材也当着重在榜样或范本上，将古典的训练放在其次，不该像现在的这样五花八门的，不该像现在这样只顾课程标准的表面，将那些深的、僻的文字都选进去。浦先生还主张将白话文和文言文分为两个课程，各有教本，各有教师。这个我也赞成。我赞成，为的这样办可以教人容易明白文言是另一种语言，而且是快死的语言。不管我的意见如何，这办法训练学生写作文言，不致像现在这样毫无效果，白费教学者的工夫，是无疑的。而施行起来，只须注意教师的分配，并不要增加员额，似乎也没有多少困难。——无论怎样，文言教材总得简单化，文字要经济，条理要清楚；除诗歌专为培养文学的兴趣应该另论外，初高中都该选这种文言作教材，绝不能样样都来一点儿。这样才容易学习，学会了才可以应用。

---

① 指浦江清的《论中学国文》一文，刊 1940 年《国文月刊》第 1 卷第 3 期。——编者注

浦先生主张将《古文观止》作为高中的文言教本，是很有道理的。清末民初的家庭里训练子弟写作文言，就还用《古文观止》或同性质的古文选本作教本。这些子弟同时也读四书五经，那却纯然是古典的训练。他们读了《古文观止》，多数可以写通文言，拿来应用。一方面固然因为他们花的工夫多，教本的关系似乎也很大。不过《古文观止》现在却不大适用了，或者说不大够用了。清末民初一般应用的文言还跟《古文观止》的主要部分——唐至明，所选的文一贯的是唐宋八家的作风——差不多。那时候报纸杂志上的文字都还打起调子，可以为证。现在可不然。杂志上文言极少见，报纸虽还多用文言，但已不大用"之乎者也矣焉哉"等虚字来表情，也就是不打起调子了。这从各报的文言的社论中最可见出。现在报纸上一般文言实在已经变得跟白话差不多，因为记录现代的生活，不由得要用许多新的词汇和新的表现方式；白话也还是用的这些词汇和表现方式。这种情形从一方面看，也许可称为文言的白话化。在这种情形下，用《古文观止》做应用的文言的范本，显然是不大够的。

但是《古文观止》还不失为一部可采用或依据的教本，因为现在应用的文言的基本句式还是出于唐宋八家文的多。我想再加两部书补充《古文观止》的不足：一是梁启超先生的《常识文范》（中华版），二是《蔡孑民先生言行录》（新潮社版）。这两部书里所收集的都是清末和民初的杂志文字。梁先生的文字比较早些，典故多些，句式也杂些，得仔细选录。蔡先生的却简明朴素，跟现行的应用的文言差不多，初中里就可以用。这部书已经绝版，值得重印。浦先生也主张"选晚清到民国的文言文"，作为另外一种读本，给学生略读。我专举这两部书，是觉得就清末民初的文言文而论，也许这两部书里适宜于中学生的教材多些。此外自然也可以选录别的。这两部书里大部分是议论文，小部分是说明文。曾国藩说古文不宜说理；古文里的说明文和议论文有不确切的毛病。这两部书的说理比古文强得多。这也是我推荐的一个原因。

还有，叶先生所说的书信、宣言、报告书、说明书等等"普通文"，也该酌量选录。这些一向称为应用文，所谓"应用"是狭义的。我觉得无须另立应用文的名目。另立名目容易使学生误会这些应用文之外，别的文都是不能应用的，因此不免忽略。而他们对于这些应用文也未必有兴趣，为的还用不着。再说教本里选一些这种应用文,只是示范,真用的时候还得去查专书。所以我觉得不如伙在别的教材一起,而使全部的文言教材主要的目的都是为了应用——这里所谓应用是广义的。课程标准里所列举的"总理传记及遗著"……一部分也是所谓应用文,也可混合选入。清末民初的文言跟这些,都该有一部分列在精读教材里,和古文占同等地位。因为从训练写作一方面看,这两种教材比古文还更切用些。至于全部文言教材如何按照课程标准斟酌变通地去分配去安排,问题很多,本篇不能讨论。

  白话文教材好像容易办些。古白话文不多,现代白话文历史很短,选材的问题自然简单些。不过白话文的发展还偏在文学一面,应用的白话文进步得很缓。记叙文(包括描写文)、抒情文,选起来还容易,说明文、议论文,就困难,经济而条理密的少,内容也往往嫌广嫌深,不适于中学生,现在教本里所选的有许多只是凑数。就是记叙文,也因篇幅关系只能选短些的,不无迁就的时候。至于其他应用的白话文,如书信等等,似乎刚在发展,还没有什么表现,自然更难选录。因此白话文教材主要的只是文学作品。而现代文学还在开创时期,成名比较容易,青年人多半想尝试一下。于是乎一般中学生的写作不约而同地走上创作的路。他们所爱读的也只是文学教材，就是记叙文和抒情文。但是二十多年来成功的固然有，失败的却是大多数。其中写不通白话文的姑不必论，有些写通了的也不能分辨文章的体裁，到处滥用文学的调子。叶先生文里说他"曾经接到过几个学生的白话信，景物的描写与心情的抒写全像小说，却与写信的目的全不相干"。这种信只是些浮而不实的废话；滥用文学的调子只是费话而已。可是，如上文所说，这种情形不能全由学生负责，白话文的发展，所谓客观条件，也有决定的力量。

欣赏文学的兴趣和能力自然是该培养的。但是到处滥用文学的调子并不能算欣赏文学。这种兴趣是不正确的。这些学生既然不大能辨别文学和非文学的界限，他们的欣赏能力也就靠不住。欣赏得从辨别入手，辨别词义、句式、条理、体裁，都是基本。囫囵吞枣的欣赏只是糊涂的爱好，没有什么益处。真能欣赏的人不一定要自己会创作；从现在分工的时代看，欣赏和创作尽不妨是两回事儿。施蛰存先生在《爱好文学》一文（二十八年五月十八日《中央日报》昆明版）里说："我们欢迎多数青年人爱好文学而不欢迎多数爱好文学的青年大家都动手写作（即创作）。爱好文学是表示他对于文学有感情，但要成为一个好的创作家，仅仅靠这一点点感情是不够的。"这是很确切的话。不过欣赏文学的结果，自己的写作受些影响，带些文学的趣味，却是不难的，也是很好的，虽然不是必要的。我们可以引用梁启超先生的话，说这是"笔锋常带情感"。但是不带或少带情感的笔锋只要用得经济，有条理，也可以完成写作的大部分的使命。

不过有"创作"做目标，学生对于写作的兴趣好得多；他们觉得写作是有所谓的，不只是机械的练习。固然，写作是基本的训练，是生活技术的训练——说是做人的训练也无不可。可是只这个广泛的目标是不能引起学生注意的。清末民初的家庭里注重子弟的写作，还是科举的影响。父兄希望子弟能文，可以做官。子弟或者不赞成做官这目标，或者糊里糊涂，莫名其妙。但在父兄的严切的督促之下，都只跟着走。这时期写作训练是有切近的目标的。早期的中学校章程里似乎没有课程标准。那时一般人对于国文课程的看法，一半恐怕还是科举的，一半或少数也许看作做人的训练的一部分。后来教育部定出了课程标准，国文课程的目标有一条是，"养成用语体文及语言（初中）以及文言文（高中）叙事、说理、表情、达意之技能"。这是写作的目标。课程标准里自然只能定到这个地步，但对于一般中学生，这里所定的还嫌广泛些。早期一般中学生的练习写作，是没有切近的目标的；他们既鄙弃科举的观念，也不明白做人的训练的意念。他们练习写作只是应付校章；这中间自然不少只图敷衍塞责的。但那时学校的一般管理还严，学生按时练习写作的究竟还是多数。五四运动以后，一般学校的管理比较松懈起来，有些国文教师，以及许多学生，对于写作练习都有偷懒的情形，往往有一学期只作文一二次的。有时教师连这一两回作文都不改，只悄悄地没收，让他们散失了去。可是另一面也有许多学生自己找着了写作的目标，就是创作，高兴地写下去；或按教师规定的期限，或只管自己写下去。一般地说，这二十年来中学生的白话文——特别是记叙文、抒情文方面——确有不小的进步，虽然实际上进步的还只是少数人。他们是找着了创作这个切近的目标，鼓起兴趣，有所为地写作，才能如此。

训练学生写作而不给他们指示一个切近的目标，他们往往不知道是写了给谁读的。当然，他们知道写了是要给教师读的；实际也许只有教师读，或再加上一些同学和自己的父兄。但如果每回写作真都是为了这几个人，那么写作确是没有多大趣味。学生中大约不少真会这样想，于是乎不免敷衍塞章、潦草塞责的弊病，可是学生写作的实际的读者虽然常只是这几个人，假想的读者却可以很多。写作练习大部分是拿假想的读者作对象，并非拿实际的读者作对象。只有在《暑假回家写给教师的信》、《给父亲的信》、《给张同学的信》一类题目里，这些实际的读者同时成为假想的读者。假想的读者除了父兄、教师、亲近的同学或朋友外，还有全体同学，全体中学生，一般青年人，本地人士，各社团，政府，政府领袖，一般社会，以及其他没数到的。

　　写作练习是为了应用，其实就是为了应用于这种种假想的读者。写作练习可以没有教师，可不能没有假想的读者。一向的写作练习都有假想的读者。清末民初的家庭教子弟写作古文，假想的读者是一般的社会和考试官。中学生练习写作，假想的读者通常是全体同学或一般社会。如《星期日远足记》之类，便大概是假定给全体同学读的。可是一般的师生都忽略了假想的读者这个意念。学生写作，不意识到假想的读者，往往不去辨别各种体裁，只马马虎虎写下去。等到实际应用，自然便不合式。拿创作做写作目标，假想的读者是一般社会。但是只知道一种假想的读者而不知道此外的种种，还是不能有辨别力。上文引的叶先生所说的学生的信便是一例。不过知道有假想的读者的存在总比马马虎虎不知到底写给谁读的好些。

  我觉得现在中学生的写作训练该拿报纸上和一般杂志上的文字作切近的目标，特别是报纸上的文字。报纸上的文字不但指报纸本身的新闻和评论，并包括报纸上登载的一切文件——连广告在内——而言。这有三种好处。第一、切用，而且有发展；第二、应用的文字差不多各体都有；第三、容易意识到各种文字的各种读者。而且文言文和白话文的写作都可以用这个目标——近些年报纸上种种特写和评论用白话文的已经不少。因为报纸上登载着各方面的文件，对象或宽或窄，各有不同，口气和体裁也不一样，学生常常比较着看，便容易见出读者和文字的关系是很大的，他们写作时也便渐渐会留心他们的假想的读者，报纸上和杂志上却少私人书信一体，这可以补充在教材里。报纸上和杂志上的文字的切用，是无需说明的。至于有发展，是就新闻事业看。新闻事业的发展是不可限量的。从事于新闻或评论的写作，或起草应用的文件登在报纸或杂志上,也是一种骄傲,值得夸耀并不在创作以下。现在已经有少数的例子,长江先生是最知名的。这不能单靠文字,但文字是基本的工具。这种目标可以替代创作的目标,它一样可以鼓起学生的兴趣,教他们觉得写作是有所为的而努力做去。

也许有人觉得"取法乎上,仅得乎中",报纸和一般杂志上的文字往往粗率浮夸,拿来作目标,恐怕中学生写作会有"每下愈况"之势。这未免是过虑。报纸和杂志上的文字,粗率浮夸固然是不免的,但文学作品里也未必没有这种地方。且举英文为例,浮勒尔兄弟(Fowler)合著的《英文正宗》(*The King's English*)里便举出了许多名家的粗率浮夸的句子。这是一。报纸杂志上也有谨慎亲切的文字,这是二。近些年报纸进步,有一些已经注意它们的文字,这是三。学生"取法乎上",尽可以多读那些公认的好报纸好杂志。在这些报纸杂志里,他们由于阅读的经验,也会辨别哪些文字是粗率浮夸的,哪些不是的。

况且报纸杂志只是课外读物。我只说拿报纸杂志上的文字作目标,并没有说用它们为教材;教材固然也可以从报纸和一般杂志上选一些,可是主要的并不从它们选出。文言教材,上文已详论。我所推荐的梁蔡两位先生的书原来倒差不多都是杂志上的文字。不过他们写作的训练有深厚的基础，即使有毛病，也很少。白话文教材，下节还要申论。我不主张多选报纸和一般杂志上的文字作教材，主要的原因是这些文字大部分有时间性，时过境迁便无意味。再有，教材不单是写作的榜样或范本，还得教学生了解本国固有文化和养成欣赏文学的兴趣，报纸和一般杂志上的文字差不多都是有时间性的，自然不能有这两种效用。但是这些文字用来做学生写作的目标，却是亲切有效的。学生大概都读报纸杂志。让他们明白这些里面的文字便是他们写作的目标，他们会高兴地一面运用教材所给予他们的训练，一面参照自己阅读报纸杂志的经验，努力学习。这些学生将来还能加速报纸和杂志上的文字的进步。

　　报纸杂志上说明文和议论文很多，也可以多少矫正现阶段国文教学偏枯的毛病。课程标准里定的说明文和议论文的数量不算太少，但适当的教材不容易得着。文言的往往太肤廓，或太琐碎。白话文更难，既少，又深而长；教材里所选的白话说明文和议论文多半是凑数的。学生因为只注意创作，从教材里读到的说明文和议论文又很少合他们的脾胃或程度的，也就不愿意练习这两体的写作。有些学生到了大学一年级，白话记叙文可以写通，这两体却还凌乱庞杂，不成样子；文言文也是记叙体可看些。若指出报纸和一般杂志上的文字是他们写作的目标，他们也许多注意报纸杂志上说明文和议论文而渐渐引起兴趣。那些文字都用现在生活作题材，学生总该觉得熟悉些，亲切些；即使不能完全了解，总不至于摸不着头脑。一面在写作练习里就他们所最熟悉的生活当中选出些说明文和议论文的题目，让他们能够有话说，能够发挥自己的意见，形成自己的判断，不至于苦掉笔头。

中学生并不是没有说明和议论的能力，只看他们演说便可知道。中学生能演说的似乎不少，可是能写作说明文和议论文的确很少。演说的题目虽大，听者却常是未受教育或少受教育的民众，至多是同等的中学生，说起来自然容易些。写作说明文或议论文，不知不觉间总拿一般社会做假定的读者，这自然不是中学生的力量所能及。所以要教学生练习这两体的写作，只能给他们一些熟悉的小题目，指明中学生是假想的读者，或者给一些时事题目，让他们拟演说辞或壁报文字，假想的读者是一般民众，至多是同等的中学生。这才可以引他们入胜。说起壁报，那倒是鼓励学生写作的一个好法子。因为只指出假想的读者的存在，而实际的读者老是那几个人，好像支票不能兑现，也还是不大成。总得多来些实际的读者才好，从前我教中学国文，有时选些学生的文课张贴在教室墙壁上，似乎很能引起全班的注意，他们都去读一下，壁报的办法自然更有效力，门类多，回数多。写作者有了较广大的实际的读者群，阅读者也可以时常观摩。一面又可以使一般学生对于拿报纸上和一般杂志上文字做写作的目标有更亲切的印象。这是一个值得采取的写作设计。

不过，教材里的白话说明文和议论文，也得补救一下。这就牵涉到白话文的发展。白话讽刺文和日常琐论——小品文的一型——都已有相当的发展，这些原也是议论文和说明文的支派，但是不适于正式应用。青年人学习这些体的倒不少，聪明的还透露一些机智，平常的不免委琐叫嚣。这些体也未尝不可学，但只知有这些，就太偏太窄了。适于应用的还是正式的论。我们读英文，读本里常见倍根《论读者》，牛曼《君子人》等短论。这些或说明，或议论，虽短，却也是正式的论文。这一体白话文里似乎还少，值得发展起来。这种短论最宜于作教材。我们现在不妨暂时借材异国，将这种短论译出些来用。马尔腾的《励志哲学》也是这一类，可惜译笔生硬，不能作范本。查斯特罗的《日常心理漫谈》译本（生活版），性质虽然略异，但文字经济，清楚，又有趣味，高中可以选用。《爱的教育》译本（开明版）里有些短篇说明和议论，也可节取。此外，长篇的创作译作以及别的书里，只要有可节取的适宜的材料，都不妨节取。不过这得费一番搜索的工夫。冯友兰先生的《新世训》（开明版）指示生活的方法，可以作一般人的南针；他分析词义的精密，建立理论的谨严，论坛中极少见。他的文字虽不是纯粹白话文，但不失为上选的说明文和议论文。高中学生一面该将这部书作为课外读物，一面也该节取些收在教材里。

其实别的教材也该参用节取的办法，去求得适当的入选文字。即如小说，现在似乎只是旧小说才节取。新的便只选整个的短篇小说，而且还只能选那些篇幅短的。篇幅长的和长篇小说里可取的部分只得割爱。入选的那些篇幅虽短，却也未必尽合式；往往只是为了篇幅短将就着用。整篇的文字当然是主要的，但节取的文字尽可以比现在的教材里多参用些。节取的范围宽，得多费工夫；还得费心思，使节取的部分自成一个相当完整的结构。文学作品里节取出来的不一定还是文学，也许只是应用的文字。但现在缺乏的正是应用的白话文，能多节取些倒是很合用的。

至于白话的私人书信，确是很少。现行的几部当代人的书简集，还是文言的多。用白话文写信，大约要从现在的青年人起手，将来倒是一定会普遍的。教材里似乎也只能暂时借用译文。译文有两种：一是译古为今，一是译外为中。书信是最亲切的文体，单是译外为中恐怕不足，所以加译古为今一项。当然要选那些可能译的译，而且得好译手。例如苏轼《黄州与秦太虚书》一类，就可以一试。曾国藩家书，似乎也可选择一些。这些书信都近于白话，译起来自然些。这种翻译为的是建立白话书信的体裁，并不是因为原文难懂，选那些近于白话的，倒许可以见功些。英文《蔡公家书》，有文言译本，题为《蔡公家训》（商务本）；译文明白，但不亲切自然。这部家书值得用白话重译一回；白话译也许可以贴切些。若是译笔好，那里面可选的教材很多。——朱光潜先生有《给青年的十二封信》（开明版），讨论种种问题，是一部很适于青年的书。其中文字选入教本的已经不少。这部书兼有书信和说明文议论文的成分，跟《蔡公家书》是同类的。

了解与欣赏[*]

——这里讨论的是关于了解与欣赏能力的训练

了解与欣赏为中学国文课程中重要的训练过程。儿童从小就能对于语言渐渐地了解，不过对于文字的了解必须加以强制学习的训练。成年人平时读书阅报大都是采取一种"不求甚解"的态度。这是一般综合的、实用的态度。但在国文教学，教师准备时，必须字字查清楚，弄明白。学生呢，在学习时也必须字字求了解。这与一般不求甚解的态度刚好相反，然而不求甚解的那份能力正是经过分章析句的学习过程而得到的，必须有了咬文嚼字的教学培养后，才能真正达到那种不求甚解的境界，没有经过一番文字分析的训练，欲

---

[*] 选自1943年《国文月刊》第20期，署"朱自清先生讲，叶金根整理"。据季镇淮《朱自清先生年谱》载：1942年"3月，先生在联大师范学院讲演，题目是《了解与欣赏》"。

不求甚解,也不易得呢。通常教授国文的,大都很注重字义。实在除掉注重字义的办法以外,还应当顾及下面的几种分析的方法。

一、句式的形式(句式)

某种特殊句子的形式,不仅是作者在技巧方面的表现,也是作者别有用心处。讲解国文时必须加以说明。例如鲁迅先生的《秋夜》的开端:

> 在我的后园,可以看见墙外有两株树,一株是枣树,还有一株也是枣树。

这不是普通的叙说,句子的形式很特殊,给人一种幽默感。作者存心要表现某种特殊的情感。这儿开始就显示出一个太平凡的境界,因为鲁迅先生所见到的窗外,除掉两株枣树,便一无所见。更使人厌倦的是人坐在屋里,一抬头望窗外,立刻映入眼帘的东西,就只是两株枣树,爱看也是这些,不爱看也是这些,引起人腻烦的感觉。一种太平凡的境界,用不平凡的句式来显示,是修辞上的技巧。明白了这两句的意思与作用,就兼有了了解与欣赏。又如同篇：

> 这上面的夜的天空，奇怪而高……

这是作者在文字排列上用功夫，两句都不是普通的说法。上半句表现两层意思：（一）枣树上的天空，（二）夜的天空。两层意思而用同一单位表示，是修辞上的经济办法。文字的经济便是一种文学的技巧。平常的语言，可有两式：

> 夜间这上面的天空……
> 上面的天空在夜间……

读起来便都有了停顿，时间上显得十分不经济，意思也没有原句透露。下半句"奇怪而高"，口语中常说"高而奇怪"，单词习惯大多数在前面。现在说"奇怪而高"，句法就显得别致，作者在这里便用来表示秋夜天空的特殊。

二、段　落

　　写段落大意是中学国文课上常用的方法。但通常只把各段的大意写出，而于全文分段的作用与关系，往往缺少综合的说明。教师指导学生写段落大意，每段大意，常只用一二句话表示。这里便应当注意语句间的联络，要能显出原文的组织和发展的次序。

三、主　　旨

教师必须提醒学生注意一篇文章中足以代表全文主旨的重要语句，和指导学生研究全文主旨如何发展。古文称文章中重要的语句为"警句"。警句往往是全篇的线索。读一篇文章最要紧的事便是要能找到线索。文章的线索作者往往把它隐寓在文中的一二句重要的语句里面，例如龚自珍《说居庸关》，"疑若可守然"五字是全文的主旨所在，教师便须注意此主旨的发展。

四、组　　织

文章组织的变化，也是作者在技巧上用的功夫，说明这种文章组织的变化，是了解与欣赏范围内极重要的事。例如上举《说居庸关》，"疑若可守然"五字，一段中连用五次；又"自入南口"连用六次。这是叠句法，亦是关键语,在组织上增加一种节奏。最后三小段文章最堪注意,在整齐的组织中寓有变化。末两段一写蒙古人,一写漏税,指出间道,均逼出居庸关之不足守,与前文相应答。这是组织上的一种变化,读者容易忽略过去的,教时应当加以说明。中间写遇到蒙古人,说了一大段,表示清朝的威严,作者是用赞叹的口气。

五、词　　语

在一篇文章中应当注意作者惯用的词语和词语的特殊意义。例如上举《说居庸关》中"蒙古"一词指的是蒙古人。

六、比喻、典故、例证

先讲比喻。

康白情的《朝气》,内容是描写农家种植的生活,题目何以称为"朝气"呢？农家生活的描写与朝气究竟有何关系呢？这些问题教师是要暗示学生提出来详细讨论的。农家生活的描写实在是一个比喻,作者是别有寄托的。文学作品中的具体故事,往往带上一些抽象性。

大概一个比喻的应用,包含三方面的意义。如"朝气":

（一）喻依——农家的生活。

（二）喻体——劳工的趣味。

（三）意旨①——由趣味的工作得到美满的结果,显示出生活中朝气的景象。这是文学上表达技巧很重要的一条原则,应当让学生区分得很清楚的。又如谢冰心的《笑》,用重复的组织,对于雨、月夜、花连说出三个笑容,表示爱的调和。"如登仙界,如归故乡",是极普通的比喻,但能显示出纯洁快乐的意味。

次讲典故。

古文中的用典是学生最感觉麻烦的事情。讲解古文时说明古典出处也是极占时间的。但是教师往往只说明古典本身的意义,而常忽略了这个典故在本文里的作用。这样使读者只记古典出处,便感觉乏味了,更谈不到欣赏。原来用典的作用,也是使文字经济的一种办法,作者因为要表达心中的事或情,不必完全直说,借用过去的一桩熟悉的而且与当下相关的事物来显示。大凡文学上的典故都经过许多作家的手改造

---

① 喻依,作比喻的材料;喻体,被比喻的材料;意旨,比喻的用意所在。详见本书《〈唐诗三百首〉指导大概》。——编者注

过,而成为很好的形式。因此用典的作用,一方面是使文字经济,一方面也是避免直说,增加读者的联想,使内容丰富。现代语体文中典故也是常见的。如冰心的《笑》里用"安琪儿"一词,教时也应当说明其出处。

再讲例证。

在说明文和议论文中有些时候往往遇到抽象的概念,教师在说解时必须要设法用一两个较具体的例证加以说明。如蔡元培的《雕刻》里面许多美术上的概念,教师应当设法举出浅显的实例,加以说明。又如东坡说,"画中有诗,诗中有画",也应当举出实例,说明诗与画两者之间所以沟通的道理。

总结起来说,关于了解与欣赏应该特别注意的有三点:

一是语言的经济。注意句读顿停多少与力量是否集中。

一是比较的方法。讲散文时可用诗句作比较,讲诗时可用散文作比较。文中的语句可与口中的说话比较。读鲁迅先生的《秋夜》,便可与叶绍钧先生的《没有秋虫的地方》比较。比较的方法对于了解与欣赏是极有帮助的。

一是文字的新变。一个作家必须要能深得用字的妙趣,古人称为"炼字",便是指作家用字时打破习惯而变新的地方,教师就也要在这方面求原文作者的用心。

训练的方法,除教师讲解外,在学生方面,熟读的功夫是不可少的。吟诵与了解极有关系,是欣赏必经的步骤。吟诵时对于写在纸上死的语言可以从声音里得其意味,变成活的语气。不过在朗诵时,要能分辨语气的轻重,要使声调有缓急,合于原文意思发展的节奏。注意本文的意思,不要被声音掩盖了,滑过去。默读是不出声的,偏于用眼,但也不要让意思跟了眼睛滑过去。

最后,问题的研究,在读文章时是常有的事。但是问题的提出要有分量,要有意义。最好教师只居于被动地位,用暗示方法,帮助学生发现问题,解决问题。

怎样学习国文[*]
——在昆明中法中学讲演

国文这科,在学校里是一种重要的功课,与英、算居同等的地位。可是现在呢?国文只是名义上的重要了,其主要的原因,就是一般学生存着错误的观念,以为我们是中国人,学中国文,当然是容易的,于是多半对这门功课不很用功。无论白话文也罢,文言文也罢,在学习的时候,往往词不达意的地方很多,这就是没有对国文这科下过一番工夫的缘故。

最近的舆论,以为中学生的国文程度很低落,这种低落,指的是哪方面?所谓低落,若是在文言文这方面,确实是比较低落,尤其是近十余年来,中学生学做

---

[*] 选自1944年《国文杂志》第3卷第3期,署"朱自清讲演,段联瑷笔记"。

文言，许多地方真是不通。读文言的能力也不够。但从做白话文这方面来说，一般的标准是大大的进步了，对于写景、抒情的能力，尤其非常的可观。可是除此而外，以白话写议论文及应用文的能力，却非常的落后。

中学生对于"读"的功夫是太差了，现在把"读"的意义，简单地说一说。"读"这方面，它是包含着了解的程度及欣赏的程度。就像看一张图画，你觉得它确实太好了，但问你好到什么境地，那么得由你自己去体会，从体会的能力，就见出欣赏的深浅。

古人作一篇文章，他是有了浓厚的感情，发自他的胸腑，才用文字表现出来的。在文字里隐藏着他的灵魂，使旁人读了能够与作者共感共鸣。我们现在读文言，是因为时间远隔，古今语法不同，词汇差别很大，你能否从文字中体会古人的感情呢，这需要训练，需要用心，慢慢地去揣摩古人的心怀，然后才发现其中的奥蕴，这就是一般人觉得文言文了解的程度，比白话文实在是难的地方。

再进一步，可以说，白话与文言固然不同，白话与口语，又何尝一致呢？在五四运动的时候，有人提出口号"文语一致"。这只是理想而已。"文"是许多字句组织起来的，"语"则不然，说话的时候，有声调、快慢、动作等因素来帮助它,可以随便地说,只要使对方的人能够了解。总之,"语"确实是比"文"容易。

文言文,大学生与中学生都不大喜欢读的,大半因为文言文中的词汇不容易了解,譬如文言文中的"吾谁欺"在白话文中是"我欺负哪一个"的意思。如果你不了解古代文法,也许会想到别的意义上去,然而只要多读它几遍,多体会一下,了解的程度就不同;所以"读"的功夫,我是以为非常重要的。

我们之所以对于典籍冷淡,另一方面,是因为它里面的事实,与我们现在不同。电影、汽车、飞机等类,在古代书籍中就见不到。反之,古代许多事物在我们现在也无从看到,譬如官制、礼节、服装等等,必须考据才能知道,这都阻碍我们阅读的兴趣。然而,只要用心,是没有什么困难不可以克服的。

生在民国的人们,学做文章,便不需要像做古文那样费很大的力量,只要你多读近代的作品,欣赏过近代的文学作品,博览过近代的翻译书籍、文学名著,那么,你写的文章,也可以很通顺,这是不用举例证明的。文言文中的应用文,再过二十年,必定也要达到被废弃的境地,因为白话文的势力,渐渐地侵入往来的公文中,交际的信函中了。

由于文言文在日常应用上渐渐地失去效用,我们对于过去用文言文写的典籍,便漠不关心,这是错误的思想。因为我们过去的典籍,我们阅读它,研究它,可以得到古代的学术思想,了解古代的生活状况,这便是中国人对于中国历史认识的任务,你多读文言,多研究历史、典籍、古文,这阅读工作的本身就是值得尊重的!

读文言最难的一步工作,是需要查字典、找考证、死记忆。有一种人图省事,对这步工作疏忽,囫囵吞枣地读下去,还自号"不求甚解",这种态度,太错误了。假若我们模仿陶渊明的"好读书,不求甚解"的态度,那是有害无益的。他的不求甚解,是因为学问已经很渊博了,隐居时才自称"不求甚解"的,这句话含着他的人生观,青年人是万万不能从表面去仿效的。如果你以为他的不求甚解,就是马虎过去的意思,那么你非但没有了解"不求甚解"这句话的意义,对于你所读的书,就更无从了解。

碰见文言中不懂的词汇,除了请教国文老师而外,必须自己去查字典,以求"甚解"。如文言中的"驰骋文场"这成语,有一个人译到外国去是"人在书堆里跑马"的意思,这岂不是笑话吗?又如"巨擘",原意是指拇指叫做巨擘,而它普通的意义是用来表扬"第一等"

或"刮刮叫"等意义的赞语,这些地方就得留神,才不会出错。再举一例:

  白日依山尽,黄河入海流,欲穷千里目,更上一层楼。

它在词句上直接表示的意境已非常优美,但这首诗更说出另一种道理,它暗示人生,必须往高处走。所以我们读这首诗的时候,最要紧的是要懂得"言外之意"。又如下例:

  铜炉在向往深山的矿苗,瓷壶在向往江边的陶泥……

这两句新诗,它的含义似乎更深了,有些人不解,但如果读了全文,便知道是非常容易明白的话。由此可见,诗里含着高尚的感情,要你多欣赏,多诵读,必能了解得更深刻。
  此外关于了解文章的组织,也是必需的,需得把每篇文章做大纲,研究它怎样发展出来,中心在哪里,还要注意它表面的次序,这种功夫,需得从现在就养成习惯，训练这种精神。

最后，我要告诉大家的，是关于写作方面，那你必须了解"创作"与"写作"的性质是不同的。自五四运动以后，许多人都希望成为一个作家，可是在今天，我们所能看见成功了的，出名的，确是寥寥无几。推究失败的原因，是到处滥用文学的感情和用语，时时借文字发泄感情，文学的成分太多了，不能恰到好处，反而失去文学真正的意义。

来纠正我们这些坏习惯，必须从报章文体学习。而我们更要学写议论文，从小的范围着手，拣与实际生活有密切关系的问题练习写，像关于学校中的伙食问题，你抓住要点，清清楚楚地写出来，即是有条理的文章。新闻事业在今世突飞猛进，发展的速度可以超乎其他文体之上，因为它是简洁而扼要。这种文体，我希望大家能努力去学。与其想成为一个文学家，不如学做一个切切实实的新闻记者。

文学与语言

关于这个问题,今天讲的只是常识方面的几句话,打算分作五项讲:

(一)口语与写作　大家都知道,口语在前,写作在后,就是说先有语言,后有文字,口语记录便成为文字。口语跟文字不过是两种工具,用来发表思想表示感情。这两种工具有许多不同的地方,文言跟口语固然差别很多,白话跟口语也不尽同,言文一致只是一种理想,因为口语跟文言、白话的规则有差别,我们有所谓文法句法,应当还有语法。拿口语来讲:"他没有来偕?"这句话在文字上须写成"他还没有来",又如"你吃饭过吗",要写成"你吃过饭吗"才通。

在写作上散文与诗的句法也不相同。譬如"竹喧归浣女",意思就是"竹喧浣女归"。有些人往往把诗看得很神秘,以为诗不合逻辑就越好,诗人的态度应该是蓄长发穿破皮鞋的。其实诗并无神秘，不过写法不同罢了。最近死去的陈之原，他在张之洞幕府里的时候，有一次伴着张之洞重九登高，做了一首七言律诗，第七句是"作健逢辰领元老"，张之洞看了很不高兴，他以为元老怎么会被人领呢？一被人领了便不元不老了。这句诗的本意就是"作健逢辰元老领"。张之洞也是个诗人，但是他把诗法与文法混在一块了。

其次说到口语，口语的好处，活泼、亲切、自然，说时有姿态、手势来帮助表情。如中国人的眨眨眼、摇摇头，洋人的耸耸肩膀，都表示一种感情。声调语气也有种种变化，有轻重快慢的不同。但说话只能对少数人，广播的说话可以对多数人，不过姿势表情没有了，又少修饰，很使人听得不耐烦。还是不能代替文字的写作。

写作的好处在条理清楚。它没有声调姿势的帮助，便利用条理。文字的简洁或增加，是经过一种选择的。这种选择便是修饰功夫。写作不但条理清楚，而且比说话经济。说五分钟话，写成文字，两分钟就看完了。

（二）白话与文言　白话与文言可说是两种语言。这两种语言的分别，弄清楚了有很多好处。一般人以为文言的阅读需经过脑筋翻译成白话才能明了，写文言文要把白话翻译成文言而后能写成文字。这是一种错误观念。这种观念大概是从学习外国语而来的。因为初学外国语时,须先经过一种翻译才能阅读和写作。其实写文言不必翻译正如精通外国文的人写作和阅读不需要翻译一样。英文学得不好的人,写作时要先打中文稿子,结果便写成中国英文了。拿白话翻成文言,也就不能成真正文言。

有人说文言的好处在简单,白话太繁。这也是不对的,两者都有繁简。博士卖驴,写完三纸,不见驴字。这不是文言的繁吗?繁简只是写作艺术上的问题,不是文言和白话的分别。

就语汇和字汇来分别也不好,白话文中免不了有用文言字的。但就方式说,白话和文言就大不相同了。譬如说,"听父亲的话"听来很顺耳,说"接受父亲的意见",在一般年纪老一些的人听来便不大舒服了。"五四"以后,青年人的地位渐渐增高了,说"接受父亲的意见"便不觉怎样不对。"接受父亲的意见"这方式文言中是没有的。生活的改变,语言方式有了新的增加。

韩愈讲文气,他说:"气,水也;言,浮物也,水大而物之浮者,小大毕浮,气之与言犹是也。"这里所谓气,应该是新的语式,韩愈讲究文气,就是用新的语式加入文章。有人说韩愈复古,作古文,我以为他是革新,作新文体。明清的古文家,描写人的对话时,也极力想接近当时说话的口气。原因是当时的生活渐渐改变了,旧文体不能胜任,不得不有变化。最明显的改变是清末梁启超所倡的新文体。

"五四"提倡白话到现在,就文学说,刚立好基础。应用则已很广。至于公文等的应用,仍旧用文言。因为其中好多语式未改变,用文言写来比较方便,譬如:文言中的"尊著",用白话写就是"你的著作"。这似乎太不客气。写作"你的大作",便客气些,但就带着文言的味道了。再如"仁兄"这个称呼也不易改变。固然,直呼名字,在"五四"时认为前进;"你我"相称,可以表示亲热,若用于尊长,便见得太亲热了。也可说不大庄敬。

语言是有许多阶层的,正如社会有许多阶层一样。语汇和谈话方式各阶层自成一套。因为教育和环境的不同,所以对语言的了解力也不同。此是纵的方面。横的方面看,散文与诗有着差别,前面已经说过了,而骈文散文也不一样。例如:"远迹曹爽,洁身懿师。"这句子,依散文的观点来看,像是说阮籍追随着曹爽,其实这是远避的意思。因为骈文与散文在组织与文法上有很大的差别。

专就散文而论,桐城派的古文与从前的《大公报》的社评也不同。后者可称为新文言或变质的文言,其中夹上许多的新名词,而没有声调之美。古文读起来是可以摇头摆尾的,但读《大公报》的社评,头摇不起来,尾也摇不出来。所以我们必须用不同的眼光去观察,把它们看成两种东西。

(三)文字与文学　说到文字与文学,最好先从语言上着眼,语言可分表情的与达意的两种。譬如,你在食堂门口碰见朋友,问他"吃饭了没有?"不吃饭怎么到食堂里来呢?又如问外面进来的朋友:"有太阳没有?"太阳当然不会没有的。意思是说看没看见太阳。这些话都是没有什么意思的,不过表示一种对朋友的关心。目的不是达意而是表情。

文学大多是偏重在表示感情的,有人说文字使人知,文学使人感。有把文字的功用分为四种的。一表达意思,二表达感情,三表示口气,四表示目的。其实严格分别是不可能的。大概说来,文字要注重条理,文学更要注重具体描写。例如:"五月榴花照眼明";"枯藤老树昏鸦,小桥流水人家,古道西风瘦马。夕阳西下,断肠人在天涯"。都是凑合许多形象,如给人一幅画图一样。这是文学,不是文字。

诗是最文学的,所表示的感情特别强烈。有人以为诗与散文的不同,是在韵脚和节奏的有无,但骈文有节奏,赋有韵脚,这并不是诗。用诗意来分别也不好,散文中也有富于诗意的。就形式来分也很难,现在的分行的新诗有许多并不像诗。我看,比较保险的分法就是诗的表情比文更强烈一点。

(四)比喻与文学　比喻在口语中我们常常用到它,但在文学中,比喻尤其重要。山头,山脚,都是比喻,用惯了便不觉得。这种比喻是死的,还有活的比喻,如:"这个人的舌头像刀一样。""眼睛像星一样。""日本人的泥脚"等等。

比喻是文学的重要的一部分,它的来源有二:改变旧的,或创造新的。诗人与文人必须常常制造比喻,改造比喻。典故也是一种比喻。放着许多典不用也觉可惜。不过典应有新的用法,偏僻的典不可用。

(五)组织与排列　这可分三节讲:

一、颠倒:为了文字的经济,有时要改变普通的组织排列。如韦应物的诗:"独夜忆秦关,听钟未眠客。"意思上的次序是说一个孤独的旅人,夜里听着钟声,想念秦关而不能入眠。小说中也常有颠倒的写法,劈空而来,再转头说回去,这样更见得有力。

二、重复与夸张:重复就是兜着圈子说,表示加重意思。如古诗:"行行重行行,与君生别离。相去万余里,各在天一涯。道路阻且长,会面安可知……"

再如:"东边一棵杨柳树,西边一棵杨柳树。南边一棵杨柳树,北边一棵杨柳树。任他千万杨柳树,怎能挽得离情住?"说来说去,只是一个别离而已。

至于夸张,例子多不胜举。就说四川的山歌罢:"你的山歌没得我的多,我的山歌比牛毛多。唱了三年六个月,没有唱完一只牛耳朵。"

三、声律与排比:声律是使文学美化的一个要素,旧诗中的音调都是很美的。新诗则利用节奏。

排比在古文学中甚占地位,白话文也少不了它。胡适之先生的文章大家说好,他就是喜欢用排比的,例如:"写字的要笔好,杀猪的要刀好。"

今天讲的只是个大概,至于证例,诸位在阅读时常可找到的。

一九四三年三月一日

高中毕业生国文程度一斑[*]

本年[①]清华大学入学试验，平沪两处参加的共二千二百多人。作者与几位同事担任看国文试卷中的作文；本人所看的约有四百五十本。看时大家讨论，并随手摘记卷中别字。现在将阅卷后的感想写出来，也许可以供高中国文教学参考。这里并不完全是作者个人的意见，但作者愿负完全的责任。再则这里仅仅是一些零碎的感想，不是精密统计的结果；那要大规模地做，不是仓促间所能办到的。

这回的题目是《苦热》、《晓行》、《灯》、《路》、《夜》，考生只要选作一个，文言白话均可。但作文言的很少。五题中选《苦热》的似乎最多，其次是《夜》，又

---

[*] 选自1933年《独立评论》第65号。
[①] 本年，指1933年。

次是《晓行》；选《灯》、《路》的最少。这些题的用意在看看考生观察与描写的能力。从前我们也出过些议论题，但看起卷来，总是许多照例的泛而不切的话。我们想高中毕业生所知道的也许还不够发议论，所以变变样子，给些小题目，让他们在日常生活里找点自己的话。但他们大多数还是发照例的议论，自己似乎并没有话说；做《灯》便说灯有菜油灯、煤油灯、电灯，做《路》便说路有泥路、石子路、柏油路，其他别无精义。不发议论的也有，却往往只将题目轻轻一点，便飏了开去，来一大段不相干的故事或不相干的谈话。譬如《夜》罢，就说夜里想到一件故事，而这故事里毫无夜的影子。譬如《晓行》罢，就说早晨走到田野间，遇见一个农人，诉了些苦处，叹息而归，也全不提到早晨的样子。自然我们并不妄想人人能做美文，但希望说些切实的话，所谓"言之有物"。至于运用文字，也极少熟练的；几乎每篇都有些不顺的句子，加上满眼的别字。大部分文从字顺的（虽然没说出什么东西），至多怕只有十分之一。

"苦热"的"苦"字，除了几本例外，都被当作形容词看；或解作既苦且热，或解作苦的热。北平考生做这个题，总是分两面立论："阔人"虽也热得难受，但可以住洋房、用电扇、吃冰激凌,还可以上青岛、北戴河去。"穷人"的热可"苦"了,洋车夫在烈日炎炎的时候还得拉着车跑;跑得气喘汗流,坐车的还叫快走,于是乎倒地而死。这一回卷子里,洋车夫可真死得不少。上海考生做这个题目,也分阔人、穷人两大段,但多说到洋车夫气喘汗流而止,不再说下去。在北平的人到底比在上海的人老实些。但有人说北平的洋车夫确是比上海的苦些;大概也有关系的。做《夜》的也常有分阔人的夜与穷人的夜的。做《晓行》的虽因早晨的乡间不大会有阔人而拉扯不上去,但也常将农人的穷苦与苛捐杂税等等发挥一番。

这种恨富怜穷的思想,是这回南北试卷里的普遍思想。我不说根本思想,因为看出来这并不一定是考生诸君自己真正相信的思想。凡相信一件事,必知道得真,议论得切;但卷子里只是些人云亦云的门面话,像是哪儿捡来似的。有一本卷子文后有小注云:"看见夏丏尊先生所著之文章作法上说,文需从小处描写;又读诸杂志上谓时代渐趋于普罗文学,生遂追时代潮流效夏先生之语而作此。"第一层并未做到,这本不容易;第二层却一做就做到了。"追时代潮流"这一句话,我想可以说明这回卷子里大部分恨富怜穷的思想。我们知道这是近年来最流行的思想,"诸杂志"确是多说的这个。青年人谁不怕落伍?怕便非"追"不可。这个思想自然不止于恨富怜穷,但他们并不想真个见诸行事,所以只要得其大意,便于谈说,就成。见诸他们行事的,怕还是别种思想,那是在他们家庭里社会里多少年培养起来的。那才是他们的基本思想。那种思想固然也可转变,但单是杂志却没有这么大力量。所以就卷子论卷子,我们不禁想到这种恨富怜穷也不过一种洋八股而已。看起来大部分的考生似乎是既不自己张开眼看,也不自己按下心想的。而他们都是高中毕业生。因此我们不能不疑惑高中的教师真个尽了他们的责任。

教学生能自己观察,自己思想,本来很难。上讲堂东引一个文学家,西引一个文学家,这儿捡点儿,那儿凑点儿,可以说得天花乱坠,学生也乐意听。可是东风过耳,听完了除了几句口头禅,还有什么留着?理想的教师不但想到学生的耳朵,还想到他们的脑子。他得先将自己所要讲的仔细想过,再和学生认真讨论,即使面红耳赤也无妨。也得让学生认真多读书,养成他们自己的判断力。无论精读泛览,要读要览才有用;一纸书目,虽天天花样翻新,只是装修门面罢了。精读更须让学生一字一句不放松，在可能范围内，务必得其确解。"读书不求甚解"一句话，照字面讲，最易误人，尤其是青年学生。这回卷子里有"陋巷小胡同"、"风所流的才子"等话，都是向来不求甚解，才至于此。

现在青年学生的通病是大而化之，不拘小节。他们专讲兴趣而恨训练；看国文教师只是新思潮的贩子，所有的新思潮他都得来一手儿。国文教师为供给这种需要，也便到处张罗，专心对付；乐得些不看笔记，不改作文，只天天上讲堂去开开话匣子。大家仿佛都觉得做不通的文字不要紧，写别字不要紧，张冠李戴不要紧，指鹿为马不要紧；其实他们也并非真个甘心如此，只是怕麻烦，不上劲儿。事事等兴趣，兴趣不常来，来了不常在；只好马马虎虎一气。这回卷子里像"莫之能也"、"亦不觉其以为苦也"、"嗅（臭）汗满流夹（浃）背"、"饱尝足了"等句子不在少处。又作者看的四百五十本中，粗粗计算，有别字六百九十七个，重复的无数。其中因形声相近而误的三百零八个，因声近而误的一百七十二个，不成形体或增减笔画的一百四十五个，因形近而误的五十九个。有些错得离奇：如"旗袍"作"妓袍"，"蚊子"作"蛟子"；又如"吵闹"作"噪闹"，是将"吵"误作"噪"，又将"噪"误作"嗓"；又如"祖裼裸裎"

作"坦蒂裸陈",四个字只对了一个字,"蒂"字是因误读"袒裼"的"裼"字,又写成了声近的"蒂"字。这都是平时读书不留意又少练习之故。(又如《苦热》一文,写天热常说摄氏七十度,八十度,直到一百三四十度。这种常识怎么会错?都因不肯用心记,只晓得有个某氏寒暑表,以为就够用了。)

　　许多人说,现在高中学生的国文程度远不如二十年前的中学生了。这好像所谓"一代不如一代",其实不然。先前中学生国文好,是家庭的力量而非学校的力量;那时的国文教师实在无教学法,只照本宣科,学生不会得益处。现在家庭里大概都是新人,忙于自己的职业,无暇管这件事;国文教学法虽长足地进步,却又很少人认真实行,学生程度当然就差了。但这是有办法的。中国文字,诚然难学,从前人十年窗下,也只练得这一种手艺;现在学校里功课多,好像有些来不及。不过教学法既进步,又有文法修辞及《词诠》一类书,帮助了解(新出《字辨》一书,辨各种别字颇详,也是有用的工具书。旧书也有这一类,但不易得),只要教师不将就学生,督促他们实行多看多读多作;作了不怕改,并且随时个别地指点,总有功效可见。

中学生的国文程度*

二十四年的《中学生》里曾有过一回"中学生国文程度的讨论",可惜参加的人不很多,讨论得不够详细、切实。自己虽离开中学教职多年,但一直担任着大学一年级的国文,大学一年级生差不多全是高中毕业生,因此我对于这个问题是很留心的。现在想说说个人的意见。

社会上一般的看法是,近年来中学生的国文程度低落了。而且不但中学生如此,大学毕业生似乎也是如此。去年高考放榜后,考选委员会副委员长沈士远先生对中央社记者谈话,曾说到考生"国文之技术极劣,思路不清",便指的大学毕业生而言。"技术极劣,思路不清"就是"低落"的说明。一般所谓"中学生国文程度低落",意思大约也不出乎这两句话;也许还得加上"别字多"、"字迹不整洁"两个项目。他们的判断

---

* 选自作者与叶圣陶合著的《国文教学》。

大致根据考卷、报告、文课、条告、书信这几样,显然只从写作着眼。他们的标准大致是文言——倒不是古文,而是应用的文言。

所谓"近年来中学生的国文程度低落",自然意在和前些年的中学生相比。但没有人指出年代的分界;我们问,中学生的国文程度从什么时候才低落起来的呢?我想要是拿民八的五四运动作分界,一般人也许会点头罢?他们觉得,从那时候起,中学校一般的课业训练比从前松弛得多,国文科似乎也不能例外。单就中学生的文言写作而论,五四运动以来,确有低落的情形,我承认这个。但这种低落有它特殊的原因,和学校里训练的宽严好像是没有多大关系的。

原来"五四"以前的中学生,入学校之先,大都在家里或私塾里费过几年工夫,背诵过些古文,写作过些窗课——不用说是文言。这些是他们国文的真正底子。到了中学里,他们之中有少数能写出通顺的文言,大半靠了这点底子,中学校的国文教师,就一般而论,"五四"以前只有比"五四"以后差些,那些秀才举人作教师,绝不能在一星期几小时里教学生得多少益处。学生在入学校之先没有写通文言,到了中学,除非自己对国文特别有兴趣,自己摸索到门径,毕业的时候大概还是不能写通文言的。但背古文,作窗课,都是科举的影响的残存。到了"五四"以后,这种影响渐渐消失,学生达到学龄,就入学校,不再费几年工夫去先学文言;这些学生是没有国文底子的。在中学的阶段里,教师渐渐换了新人,讲解比秀才举人清楚些,但只知讲解,不重训练,加上文言之外,还得学白话,文言教材又是各体各派,应有尽有,不像旧日通用的《古文观止》等教本,只选几体,只宗一派。学生负担加重,眼花缭乱,白话且等下文再论,文言简直是不知所从;训练既不严,范文又杂乱,没有底子的人又怎样写得通顺呢?程度低落,是必然的。

可是低落的只是文言的写作,白话尽管在这样情形之下,还是有长足的进展。前几年一般人还相信,必须写得好文言的,才写得好白话;因为新文学运动前期的作者,大都是半路出家,确是文言白话都会写的。但近些年青年作者出现的不少,我们从不曾见过他们写文言;偶然还见过一两位写的文言很糟,远不如他们写的白话。可见白话必须有文言作底子那意念并不是真理。这些青年作者多一半是大学生,但他们大概都曾经过中学的时代;在那时代,他们白话的写作已有了相当的样子,相当的底子,不过到了大学,才渐渐成熟罢了。在现时一般中学国文教学情形之下,这些学生得益于教师的也很少。他们的成就大部分从课外阅读和课外练习得来;他们读著译的小说,读各种杂志,文艺的,非文艺的;他们写作小说,散文,论文,登在校内或校外的刊物上。他们表现了自己,有了读者,甚至于还有了倾慕的人;这些鼓励他们那样作,却并不是教师的力量。不过在所有的中学生中,白话的写作有相当样子的,究竟还是少数,正和从前中学生文言写得通顺的也只是少数一样。

现在中学生和从前中学生还有一点不同,就是说话的能力增进了。现在中学生比从前中学生会说话得多,而且是比较普遍的现象。从前的国文教师会演讲的少,学生在说话上也得不到益处。"五四"以后换了一些新人的教师,一般的演讲能力,比从前教师强得多,学生耳濡目染,自然会受影响。再则,白话文的流行也帮助说话不少。白话文虽然并不完全从说话发展,而夹着许多翻译的调子,但事实上暗示了种种说话的新方法,增进了一般说话的能力——在年轻的易塑性的中学生,尤其如此。更重要的,从"五四"以来,学生不断地做着向民众宣传的工作,这给了很好的机会让他们练习说话。中学生当然不是例外。部定的中学国文课程标准,虽也列着演说和辩论一项,但实施的似乎还少;中学生的说话能力,又是在课外自己训练出来的。

　　中学生写不通文言,大概有四种情形,第一是字义不明,因此用字不确切,或犯重复的毛病。如"枝叶扶疏,脱叶遍地",上半说繁茂,下半说凋零,恰好相反。这句子的作者是将"扶疏"当作"稀疏"用了,所以致此。又如"至于在园内跋涉,多以自行车代步",作者用"跋涉"其实只是"往来"的意思。又如"也未始不无谬见",只能说"也未始非谬见"或"也不无谬见"。第二是成语错误。这又分为割裂和乱用。如"扫穴犁庭"变为"荡扫犁穴",便不能成句。又如"发纵指示"变为"唆使指纵",虽勉强可解,却不是味儿。这是割裂。又如"若文学革命,今后之文学倾向,及所谓普罗文学,汗牛充栋,接受为忙","文学革命"等都是抽象的概念,怎样可以"汗牛充栋"呢?这是乱用。一方面乱用,一方面当用不用,如不说"一举两得",却说"一举二美",多寒伧!这都是不求甚解,不重记诵之故。第三是句式不熟,虚字不通也算在这类里。如"奇矣哉,同为人类,不但言语之不相知,而风俗亦殊不同",这句的毛病很多,这儿只想指出那"之"字是不合式的。又如"夫博物院者,乃集各种不经见有价值之物所以博览于众者也","所"字显然不合式,"博览于众"该说"供众览",

"不经见"、"有价值"之间,该有"而"字。又如"雪游北海"这个文题,实在不成一句话;"雪"下加个"中"字便成。又如"尽掬区诚,誓为后盾",上半也不成话,大约是"谨掬愚诚"的意思。第四是体例不当,也就是不合口气。如给朋友的信,"兹将敝校情形报告一二,能乐闻乎?""能乐闻乎"就是"你能够高兴的听着吗",像是在吵架了;该说"殆亦兄所乐闻乎"或"想亦兄所乐闻也"。又如拟贺傅作义将军克复百灵庙电:"尚望鼓其余勇,灭此丑类!""尚望"、"鼓其余勇"都是平行下行的口气,不能用于尊敬的人。同题,"匪愧吴三桂,且惭史阁部,往古未有,现时所无,民族之宝,国家之魂!"首二语并不成句,并且比拟不伦;中二语太夸张,不会措辞,不合体例。同题快邮代电,"本校同学皆相顾而言曰:'政府抗日,不吾欺也。我失地之收复,国史之重光有日矣!且百灵庙地势之险要,进可攻,退可守;今既被我军收复,伪匪不易得逞矣。'"除第三个"之"字不合式以外,全段儿文绉绉的,啰哩啰唆的,满不是"快邮代电"的样子。这类应用文的体例本需要熟练,学生们写不合式,也在意料之中。

　　以上所论四种情形,也只以应用的文言为标准。但所谓应用的文言,"应用"的日子大概不会很长久了,据我看。现在应用这种文言的，报纸是大宗，其次公文，其次电报和书信。但报纸用白话，胡适之先生早就在提倡；只因办报的人总怕篇幅太多，印刷太贵，不愿马上全改成白话。可是这些年来，除了电讯和新闻还守着文言的阵地外，社论、通讯、特写，等等，都渐渐在用白话了。公文加标点符号，也是改白话的先声。电报因为按字计费，文言可以省些，用白话的似乎还没有。但若有人将电文里需要常用的字句编成简括的程式，成为电报汇编之类，便可解决这种困难。书信已经有用白话的，但因文言信有许多程式，可以省事，中年以上的人还是用文言的多些。这里可以看出，白话没有能普遍的应用，程式化不够这一层关系很大。若有些人向这方面努力，试造种种应用程式，让大家试用，逐渐修正，白话不久便可整个儿取文言而代之，文言便真死了。这种需要现在已经越来越大。现在是青年的时代，青年自然乐意用白话，而大部分的青年文言的训练太差，也是用白话便易。文言的死亡，和白话的普遍应用，是事所必至，是计日可待的。

因此，我觉得中等学校里现在已经无须教学生学习文言的写作。在有限的作文时间里，教学生分出一部分来写作文言，学生若没有家庭的国文底子或特殊兴趣与努力,到了毕业,是一定不会写通文言的。不但不能写通文言,白话写作,因为不能专力的缘故,也不能得着充分的发展。若省下学习文言写作的时间与精力,全用在学习白话的写作上,一般学生在中学毕业的时候,大概可以写出相当流畅的白话了。拿这种白话写应用的文件,大概比现时的中学毕业生用他们的破文言写出的会像样得多。思路总该清楚些,技术也该比较好些。那时候社会上一般人也许不至于老嚷着"中学生国文程度低落"了。社会上一般人大概只注重应用,文言也行,白话也行,只要流畅就好;这时代的他们,似乎已经没有"非文言不可"的成见了。过去他们拿应用的文言作批评的标准,只因为应用的文件多是文言写的;若是白话写的应用文件多了,他们的标准自然会跟着改变的。

照现在的情形看,一般中学生白话的写作也有很多的毛病。固然,比起他们的文言来,他们的白话确是好得多;比起从前有底子的中学生的文言,他们的白话在达意表情上也许还高些,至少不会不如那些个。可是就白话论白话,他们的也还脱不掉那技术拙劣,思路不清的考语;而思路不清更是要不得的现象。一般学生的写作往往抓不住题目,他们往往写下些不是支离便是宽泛的费话,在开篇时尤其如此。此外,层次的杂乱，意思的不贯连，字句的重复，也触目皆然。这些原是古今中外一般初学写作的学生的通病，不是写作白话文才有这种种情形。但毛病总是毛病是事实。就白话的写作说，这些毛病一是由于阅读太少或不仔细，二是由于过分信赖说话。由于阅读太少或不仔细，不能养成阅读的——眼的，不全是耳的——客观的标准，便只能用说话作标准——全是耳的——来阅读自己的写作。但说的白话和写的白话绝不是一致的；它们该各有各的标准。说的白话有声调、姿势、表情衬托着，字句只占了一半。写的白话全靠字句，字句自然也有声调，可并不和说话的声调完全一样，它是专从字句的安排与组织里生出来的。字句的组织必得在文义之外，传达出相当于说话时的声调、姿势、表情来，才合于写作的目的。现在学生写白话，却似乎只直率地将说话搬到纸上，不加调制。缺少了声调、姿势、表情的说话，无怪乎乱七八糟的。这便是思路不清的现象；从不加调剂那一层说，也便是技术拙劣的现象。当然也有说话时就思路不清的；但相信在现时写作思路不清的学生当中，这种思路根本不清的，究竟是少数。还有一层，我知道"五四"以后有许多中学国文教师在授课时，讲书少，说不相干的闲话多。这也给学生思路坏影响。

思路不清在学生写作的说明文和议论文里更为显见。说明文和议论文需要相当广的阅读和相当广的经验，在初学写作的年轻的学生，确乎比叙述描写各体难些。这里大部分是抽象观念的结合，思想力还未充分发展的青年，组织那些抽象观念，确是不易的。思路不清的毛病更为显见，也是当然。但是叙述、说明、议论三体都是应用文的底子；不会写作说明文和议论文，怎样能写作许多应用的文件呢？现在的学生只知注重创作，将创作当作白话文唯一的正当的出路；就是一般写作的人，也很少着眼在白话应用文的发展上。这是错的。白话已经占领了文学，也快占领了论学论政的文字；但非得等到它占领了应用文，它的任务不算完成。因为现在学生只知注重纯文学的创作，将论学论政的杂文学列在第二等，将应用文不列等，所以大多数不能将白话应用在日常人事上，也无心努力于它的程式化。他们不长于也不乐于写作说明文和议论文，一半也是这个缘故，这样学习白话的写作，是不切实的。说明文和议论文虽然难些，却不妨小处下手，从切近的熟悉的小题目下手。这两体最容易见出思路不清的毛病。从一方面看，也是好处；因为别人指点，自己揣摩，也都容易些——只要有人肯指点，自己肯揣摩。

只要中学生不必分心力学习文言的写作,白话文写作的这些毛病,便可得工夫逐渐矫正起来,我相信。矫正的方法固然在多写作,多指点,多修改;但还得多作分析的练习。分析的练习,或拿句作单位,或拿节作单位,或拿全篇大纲作单位。这样,可以集中心力在这个那个小节上。小节弄清楚了,整篇也便容易清楚了。再则,练习可用别人的文字或学生自己写出的文字作材料;这样,便让他们容易从比较里见短长,知道以后应该怎样作。这比只是让他们自己捉摸看不见的自己,也该好些。傅东华先生给商务编的复兴初中国文教科书便列着许多很好的分析的练习的题目,可惜试用的教师太少。这里需要教师的努力,学生课外是不会去自己动手的。现在的中学国文教师负担的工作太重,我也知道;但若一学期教学生作一两回练习,代替作文,教师并不至于太多费时间,我想这个办法值得一试。不过写作和诵读是关联着的;诵读可以帮助思想和写作技术的进步。怎样诵读才可以如此呢?课内讲读和课外阅读该怎样,能怎样进行呢?文言是不是必要的教材,诗歌是不是必要的教材呢?纯文学和杂文学该怎样分配呢?这些问题都很值得检讨。但这里篇幅有限,只好以后更端别论了。

再论中学生的国文程度[*]

　　一般人讨论中学生的国文程度,都只从写作方面着眼;诵读方面,很少人提及。大约因为写作关系日用,问题的迫切,显而易见;诵读只关系文化,拿实用眼光看,不免就是不急之需了。但从教育的立场说,国文科若只知养成学生写作的技能,不注重他们了解和欣赏的力量,那就太偏枯了。了解和欣赏是诵读的大部分目的;诵读的另一部分目的是当做写作的榜样或标准。按我的意见,文言文的诵读,该只是为了解和欣赏而止,白话文的诵读,才是一半为了榜样或标准。照历年中学生诵读的能力看,他们对于报章体的叙述、说明和议论的文字,不论文言或白话,似乎大体上都能懂,不至于弄错了主要的意思。这在日用上原已够了;因

---

[*] 选自作者与叶圣陶合著的《国文教学》。

此中学生诵读问题，便被一般人所不注意。但说到细节，他们就不免常有弄错的地方。再说到所谓古文，乃至古书，不能懂的地方更多；往往连主要的意思也弄不明白。白话文学作品里（一些新诗姑且除外），许多委曲的表现样式（句子和结构），和有些比喻，一般中学生也往往抓不着它们的意思。

现行初中国文课程标准第一条目标是，"使学生从本国语言文字上，了解固有文化"，第五条是，"养成阅读书籍之习惯与欣赏文艺之兴趣"。高中国文课程标准第三条目标是，"培养学生读解古书，欣赏中国文学名著之能力"。这些目标并不算高；可是现在一般中学生的诵读程度，能够达到这些目标的，似乎并不多。在文言文的诵读上，更其如此。只看学生作文里所用的成语，往往错误，如"折衡尊俎"、"儿孙满膝"、"狗头渍血"（狗血喷头）之类，便知道一般中学生对于诵读是怎样的马虎了。这些成语大部分从文言文来，可也有些从白话文来——如"狗血喷头"便是的。应用成语的正确或错误，是测验诵读程度一个简易的标准，特别从书写成语上看。因为写得没有误字，没有倒字，未见得就是用得确切，如"他的笑容不翼而飞"之类；但是写先写错了，即使放在上下文里很合式，也还是了解得不正确。诵读没有正确的了解，欣赏的兴趣自然是有限的。

文言文的表现样式（包括句法）和词的意义，也常叫中学生迷惑。去年西南联大举行平津高中毕业生甄别试验，国文试题里文言译白话一段，是从《晏子春秋》卷六选出的：

> 灵公好妇人而丈夫饰者，国人尽服之。公使吏禁之，曰："女子而男子饰者，裂其衣，断其带。"裂衣断带相望而不止。晏子见，公问曰："寡人使吏禁女子而男子饰者；裂断其衣带，相望而不止，何也？"晏子对曰："君使服之于内，而禁之于外，犹悬牛首于门而卖马肉于内也！公何以不使内勿服？则外莫敢为也。"公曰："善！"使内勿服。不逾月而国人莫之服。

这可以说是浅显易懂。但许多考生却在"相望"那个熟语和那"内"字上栽了跟头。译得对的自然有：如前者译为"很多很多"、"不知其数"、"层见不穷"（该是"层出不穷"或"层见叠出"），后者译为"宫内的女子"。但是很少。有些人用取巧的办法，不译"相望而不止"这一语，只直抄在译文里；有些人单译"不止"，却略去"相望",如"但没有能制止"。前者是懂了这一语的主要意思没有,无从知道;后者是懂了主要的意思,可是不懂"相望"的意思。"君使服之于内,而禁之于外"那一句,似乎不便直抄,有些人却译为,"你何以不先教里面的不要穿男子的衣裳,则外面的也就不敢再穿了"。用宽泛的"里面的"来译那"内"字,等于没有译;这些人自然是没有懂得那"内"字。

有些人望文生义,将"相望"译成"但女人们却只互相看看大家而已",甚至译成"让来往行人观看不止"。"君使服之于内"那一句,也有人译成"你叫你的夫人穿,而禁止别人穿",已经够错了。更有些人译成"你的意思是女子在家里可以穿男子服,而在外面就不可以";还有译成"王命衣穿内面,但是不禁穿在外面"的。不懂"相望",也许还可懂得全文的主要意思;不懂那"内"字,全文就成了一片模糊了。又有人将晏子对卫灵公的话里的"君"和"公"都译成"先生";那不但是不明白古代社会情形,并且似乎是缺乏一般的社会常识——对于一国的元首,哪有用对于一般人的普泛的称呼的道理呢?

有一个人误解了那"饰"字,闹了大错。他的译文的首节是这样:

灵公喜欢妇人,就用男子来扮成。于是人民都效学起来。灵公就教官吏去制止,说:"凡男子扮成女子的,便扯碎他的衣服,扯断他的带子。"然而,虽是有人被破了衣,断了带,扮妇人的,仍然不止。

女子男装变作男扮女装,差不多翻了个身!更糟的一段译文是:

卫灵公很好色,使人把全国的女子驱禁在一起,说女子若是献媚男人的,就要处以裂衣断带的处罪。晏子见卫灵公就问道:我使人禁女人,但是许多与他们爱好的男子,都是依恋不舍,这是何故呢?晏子曰(回)答道,你虽外表上禁止,但是在内面仍然照常地行着,这好像是外面挂牛头,但在内则卖马肉了。你为什么不由内部做起,然后才施行呢!这样他们就不敢再违犯了。卫灵(公)说曰,这是一种妙法。

这简直是创造,哪儿还是翻译!这两条都只是极端的例子,不能够代表一般中学生的程度。我引了来,只是表示中学生了解本国文字，会错误到这般地步，几乎使我们难以相信的地步！再则，就这两条译文本身而论，倒都还能自圆其说，文字也算通顺。可见诵读和写作，尤其是文言的诵读和白话文的写作，并不是一回事；这两者的相关度，并不如一般人所想象的那么密切。

现在的中学生，其实不但是中学生，似乎都不爱读文言文，特别是所谓古人，乃至古书。他们想着读文言文是没有用的。教科书里的文言文大部分是所谓古文，乃至古书，固然不能做写作白话文的榜样或标准，甚至于也不能做写作应用的（广义）文言文的榜样或标准。那么，为什么还要去读它呢？在他们看来，读文言文就好像穿上几十年前宽袍大袖的服装，在现代都市的马路上，汽车的影子里，一摇二摆地走着，真是太不合时宜的老古董的样子！我承认文言文的诵读不能帮忙白话文的写作，但可以帮忙应用的文言文的写作。不过我觉得现在的中学生已经无需再学应用的文言文，理由已经在前一篇论文里说过了。我可还主张中学生应该诵读相当分量的文言文，特别是所谓古文，乃至古书。这是古典的训练，文化的教育。一个受教育的中国人，至少必得经过这种古典的训练，才成其为一个受教育的中国人。现在的中学生不但不爱读文言文,似乎还不爱读历史,即使是本国史。他们读文言文和本国史,老是那么马马虎虎的,"不好不要紧"的态度。他们总不肯用他们的理解力和记忆力在这两科上;因此张冠李戴,往往而有。上文所举,从成语错误到那"卫灵公",都是明显的例子。

教师的讲解一向在国文训练里占着重要的部分。有些人觉得一般国文教师的讲解太琐细些;学生只被动地听着,不需要什么工作,似乎得不到实在的益处。这该分两层讨论。第一,我觉得课文应该分析地咀嚼;"讲解"若是这个意义,似乎正应该详尽些。固然,我们日常读书看报,只求了解主要的意思就够了,偶然有一两个不识的字,不明白的词语,大概总放它们过去,懒得去查字典或辞书。这或可以叫做"不求甚解"的态度。但是"不求甚解"而能了解主要的意思,还得靠早年的训练,那一字一句不放松的、咬文嚼字的功夫。若没有受过这种训练或用过这种功夫,而也取那"不求甚解"的态度,便往往不能了解读物的主要意思;这种人自以为了解,其实往往只是望文生义罢了。现在一般中学生,从小学起所受的多少年的国文训练,虽然不充分,可是用来阅读普通的书报,大约也勉强够了。所以也可取那"不求甚解"的态度,而不至于抓不着主要的意思。但是对于即使是浅显的古文和古书,以及白话文学作品,他们也想取这个优游的态度可就不成。上面引的例子,便是平日吃了这个优游的态度的亏的表现的一斑。第二,要使一般中学生能够了解普通的古文和古书,以及白话文学作品,现在的国文训练,特别是中学时代的,实在嫌不充分。多讲闲话少讲课文的教师,固然不称职,就是孜孜兀兀的预备课文,详详细细地演释课文的,也还不算好教师。中学生需要充分的练习。练习包括预习、讨论、复习三步。每一步还有许多细目,这里不必列举。这些细目在各种国文教学法书中,都曾或多或少地加以讨论。但我们现在所需要的,是切实的、有恒的施行;理论无论如何好,不施行总还是个白费!练习的主旨无非是让学生自己发现困难,寻求解决;到了解决不了时,自然便知道需要教师。这时候教师的帮忙效用定会比一味演释大得多。这是让学生用理解力。解决的过程和结果,还得让学生常有温习的机会,才不至于全然忘却,这是让学生用记忆力。

教师不但得帮忙学生解决他们的问题,还得提供他们所没有注意到的重要的问题,师生共同讨论解决。若是课文里有可以和读过的课文或眼前报章杂志的材料比较的,教师也当抓住机会,引起相当时间的讨论。这可以增加学生的兴趣,并让他们容易记住。此外,默写和背诵,不拘文言文或白话文,都很要紧,该常常举行。文言文和旧诗词等,每讲完一篇,还该由教师吟诵一两遍,并该让学生跟着吟诵。现在教师范读文言文和旧诗词等,都不好意思打起调子,以为那是老古董的玩意儿。其实这是错的;文言文和旧诗词等,一部分的生命便在声调里;不吟诵不能完全领略它们的味儿。至于白话诗文,也该范读,不过只可用平调;若是对话或口语体,便该用口语的调子。我说到"味儿",似乎已经从了解到了欣赏的范围了。其实欣赏就在正确的、透彻的了解之中。欣赏并不是给课文加上"好"、"美"、"雅"、"神妙"、"精致"、"豪放"、"婉约"、"温柔敦厚"、"典丽矞皇"一类抽象的、多义的评语,就算数的;得从词汇和比喻的选择,章句和全篇的组织,以及作者着意和用力的地方,找出那创新的或变古的,独特的东西,去体会,去领略,才是切实的受用。这和了解是分不开的。那些抽象的、多义的评语,意义不容易弄清楚,其实倒是避免的好。

　　白话文学作品并不如一般所想象的那么容易了解,我想也得举一个例。还是用西南联大去年平津高

中毕业生甄别试验的国文试题,这回是白话译文言,是老舍先生《更大一些的想象》的头段儿:

> 要领略济南的美,根本须有些诗人的态度。那就是说,你须客气一点,把不美之点放在一旁,而把湖山的秀丽轻妙放在想象里浸润着;这也许是看风景而不至于失望的普遍原则。反之,你没有这诗意的体谅,而一个萝卜一个坑地去逛大明湖、趵突泉等,先不用说别的,单是人们口中的葱味,路上吱吱咂咂的小车子的轮声,就够你不痛快了。(末句和原作稍有不同)

"一个萝卜一个坑"这个比喻不懂的很少。翻得贴切的要算"斤斤计较之心"、"尽观其详"几句;"呆呆"、"一一"甚至"此萝卜此坑",也算抓着了原语的意思。大部分人却只直抄原语或略而不翻。有些人又只将原语硬变成文言调子,如"一卜一坑"、"随萝卜之坑"、"以卜坑之若"、"如为一萝卜或一坑而游大明湖、趵突泉等"、"游一萝卜或一坑于大明湖、趵突泉等"。这些都是文不成义。还有些人翻作"梦然"、"单独"、"以极端主观之眼光"、"以野夫之观"。这简直是瞎猜一气;后三语还可以说是望文生义,第一语好像完全是无中生有!中学生对于白话文学作品的了解,也还需要练习,由此例可见。翻译是很有用的练习,但似乎不必教学生译为文言,只教他们用自己的白话文重述出来就成。文言课文的练习,也可多用翻译,译文自然是用白话。但两者都得写下来,口述口译是不够的。

论 朗 读[*]

在语文的教学上,在文艺的发展上,朗读都占着重要的位置。从前私塾里教书,老师照例范读,学生循声朗诵。早年学校里教古文,也还是如此。"五四"以来,中等以上的国文教学不兴这一套,但小学里教国语还用着老法子。一方面白话文学的成立重新使人感到朗读的重要,可是大家都不知道白话文应该怎样朗读才好。私人在这方面做试验的,民国十五年左右就有了。民国二十年以后,朗读会也常有了,朗读广播也有了。抗战以来,朗读成为文艺宣传的重要方法,自然更见流行了。

朗读人多称为"朗诵",从前有"高声朗诵"的成语,现在有"朗诵诗"的通名。但"诵"本是背诵文辞的

---

[*] 本篇最初刊于1942年《国文杂志》第1卷第3期。

意思,和"抽绎义蕴"的"读"不一样;虽然这两个词也可以通用。"高声朗诵"正指背诵或准备背诵而言,倒是名副其实。白话诗文的朗诵,特别注重"义蕴"方面,而腔调也和背诵不同。这该称为"朗读"合式些。再从语文教学方面看,有"默读",是和"朗读"相对的词;又有"精读"、"泛读",都着眼在意义或"义蕴"上。这些是一套。若单出"朗诵",倒觉得不大顺溜似的。最有联系的还是"诵"的腔调。所谓"诵"的腔调便是私塾儿童读启蒙书的腔调,也便是现在小学生读国语教科书的腔调;这绝不是我们所谓"读"的腔调——如恭读《总理遗嘱》的腔调,我们现在已经知道,白话文宜用"读"的腔调,"诵"是不合式的。所以称"朗诵"不如称"朗读"的好。

黄仲苏先生在《朗诵法》(二十五年,开明版)里分"朗诵腔调"为四大类:

> 一曰诵读　诵谓读之而有音节者,宜用于读散文。如四书、诸子、《左传》、四史以及专家文集中之议、论、说辨、序、跋、传记、表奏、书札等等。
> 二曰吟读　吟,呻也,哦也。宜用于读绝诗、律诗、词曲及其他短篇抒情韵文如诔、歌之类。

三曰咏读　咏者,歌也,与咏通,亦作永。宜用于读长篇韵文,如骈赋、古体诗之类。

四曰讲读　讲者,说也,谭也;说乃说话之"说",谭则谓对话。宜用于读语体文。(以上节录原书一二六至一二八面)

这四分法黄先生说是"审辨文体,并依据《说文》字义及个人经验"(一二六面)定的。按作者所知道的实际情形和个人的经验,吟读和咏读可以并为一类,叫做"吟";讲读该再分为"读"和"说"两类;诵读照旧,只叫做"诵"。下面参照黄先生原定的次序逐项说明。

《周礼》:"大司乐以乐语教国子:兴、道、讽、诵、言、语。"郑玄注:"倍文曰讽,以声节之曰诵。"段玉裁道:"倍同背,谓不开读也;诵则非直背文,又为吟咏以声节之。"(《说文解字》言部注)古代的诵是有腔调的,由此可见。腔调虽不可知,但"长言"或"永言"——就是延长字音——的部分,大概总是有的。《学记》里道:"今之教者,呻其占毕。""呻"是"吟诵",是"长咏"(注疏),可以参证。至于近代私塾儿童诵读《百家姓》、《千字文》、《龙文鞭影》以及《四书》等的腔调,大致两字一拍,每一停顿处字音稍稍延长,恐怕已经是佛教徒

"转读"经文的影响,不尽是本国的传统了。吟的腔调也是印度影响,却比诵复杂得多。诵宜于短的句读,作用是便于上口,便于记,便于背;只是"平铺直叙,琅琅诵之"(《朗诵法》一二六面),并没有多少抑扬顿挫。黄先生所举的书,似乎只《四书》还宜于诵;诸子以下句读长,虽也可以诵,却得加些变化,参入吟腔才成。朗读这些书,该算是在吟诵之间。

至于小学国语教科书,无论里面的"国语"离标准语近些远些,总之是"语",便于上口。文宜吟诵,因为本不是自然的;语只宜读或说,吟诵反失自然,使学生只记词句,忽略意义。这是教学上一个大损失。现行小学国语教科书有的韵语太多,似乎有意使儿童去"诵",作者极不以为然。在原编辑人的意思,大概以为韵语便于记忆些,一方面白话诗可选的少,合于小学生程度的更少。韵语便于记忆是事实,可是那种浮滑而不自然的韵语给儿童不好的榜样,损害他们健全的语感,代价未免太大。倒是幸而他们只随口诵读过去,不仔细去体味;不然,真个拿那种韵语做说话和写作的榜样,说出来写出来的恐怕都有点不像话。儿童需要诗歌很迫切,也是事实。但白话诗合用的其实不见少。一般编辑人先就看不起白话诗,不去读,也不肯去翻那些诗集,这怨谁？再说歌谣也有可选的,那些编辑人也懒得找去。他们只会自作聪明地编出些非驴非马的韵语！作者以为此后国语教科书里不妨多选些诗歌：白话诗,歌谣,近于白话的旧诗词曲。白话诗只要"读",旧诗词曲要吟或吟诵,歌谣要说或吟唱。白话文也只要读,白话只要说。这些下文还要论及。——单纯的诵腔帮助很少,作者以为可以不用。

还有一种诵腔,值得提一下。最早提倡读诗会的是已故的朱湘先生,那是民国十五年。他的读诗会只开过一回或者没有开成,作者已经记不起;但作者曾听过他朗读他的《采莲曲》。那是诵,用的是旧戏里一种"韵白"。他自己说是试验。《采莲曲》本近于歌,似乎是词和小调的混合物,腔调是很轻快的。"韵白"虽然也轻快,可是渗透一种滑稽味,明明和《采莲曲》不能打成一片,所以听起来总不顺耳似的。这种近歌的诗在白话诗里极少,几乎可以算是例外。应该怎样朗读,很不容易定;也许可用吟腔试试。不过像"韵白"这类腔调,如果做滑稽诗或无意义的诗,也可以利用。这类诗其实也是需要的。

吟特别注重音调节奏,最见出佛经"转读"的影响（参看胡适《白话文学史》上卷二〇五至二一五面）。

黄先生说:"所谓吟者,……声韵应叶,音节和谐。吟哦之际,行腔使调,至为舒缓,其抑扬顿挫之间,极尽委婉旋绕之能事。……盖吟读专以表达神韵为要。"又说:"吟读……行腔使调,较咏读为速,而比之诵读则稍缓。"(《朗读法》一二六至一二七面)这里指出的"吟读"、"咏读"的分别,确是有的;不过作者认为后者只是吟腔的变化,或是吟诵相难,所谓吟诵之间,不必另立一类。赵元任先生在《新诗歌集》(商务版)里说过,吟律诗吟词,各地的腔调相近,吟古诗吟文就相差得多。大概律诗和词平仄谐畅,朗读起来,可以按二字一拍一字半拍停顿,每顿又都可以延长字音,每拍每顿听上去都很亭匀的,所以各地差不多。古诗和文,平仄没有定律,就没有这样的客观的一致了。而散文变化更多。唐擘黄先生曾在"散文节拍蝪测"(《国故新探》,商务版)里记出他朗读韩愈《送董邵南序》和苏洵《乐论》各一段的节拍。前者是二字一顿或一字一顿,如"燕赵古称多慷慨悲歌之士"便有六拍;后者大不相同,如"雨,吾见其所以湿万物也"便只两拍。唐先生说:"每秒时中所念的平均字数之多少随文势之缓急而变。如上示两例,《乐论》比《送董序》每秒平均字数多一倍(前者每秒平均二四字,后者一二字);而它的文势也比《送董序》急得多。文势的缓急是关乎文中所表的情境。"——散文有时得吟,有时得吟诵;黄先生以为诸子专集等等和《四书》同宜于诵,而将吟限于绝律诗、词曲等,似乎不合于实际情形。

"五四"以来,人们喜欢用"摇头摆尾的"去形容那些迷恋古文的人。摇头摆尾正是吟文的丑态,虽然吟文并不必须摇头摆尾。从此青年国文教师都不敢在教室里吟诵古文,怕人笑话,怕人笑话他落伍。学生自然也就有了成见。有一回清华大学举行诵读会,有吟古文的节目。会后一个高才生表示这节目无意义,他不感觉兴趣。那时是民国二十几年了,距离"五四"已经十几年了。学校里废了吟这么多年,即使是大学高才生,有了这样成见,也不足怪的。但这也是教学上一个大损失。古文和旧诗、词等都不是自然的语言,非看不能知道它们的意义,非吟不能体会它们的口气——不像白话诗文有时只听人家读或说就能了解欣赏,用不着看。吟好像电影里的"慢镜头",将那些不自然的语言的口气慢慢显示出来,让人们好捉摸着。桐城派的因声求气说该就是这个意思。钱基博先生给《朗读法》作序,论因声求气法最详尽,值得参考。他引姚鼐的话:"大抵学古文者,必要放声疾读,只久之自悟;若但能默看,即终身作外行也。"(见《尺牍·与陈硕士书》)又引曾国藩的话:"如《四书》、《诗》、《书》、《易经》、《左传》、《昭明文选》,李、杜、韩、苏之诗,韩、欧、曾、王之文,非高声朗读则不能得其雄伟之概,非密咏恬吟则不能探其深远之趣。二者并进,使古人之声调拂拂然若与我之喉舌相习,则下笔时必有句调凑赴腕下,自觉琅琅可诵矣。"(见《家训·字谕纪泽》)这都是很精当的。现在多数学生不能欣赏古文旧诗、词等,又不能写作文言,不会吟也不屑吟恐怕是主要的原因之一。作者虽不主张学生写作文言,但按课程标准说,多数学生的这两种现象似乎不能不算是教学上的大损失。近年渐渐有人见到这个道理,重新强调吟的重要;如夏丏尊、叶圣陶二先生的《文心》里便有很好的意见——他们提议的一些吟古文的符号也简明切实。作者主张学校里恢复从前范读的办法,吟、读、说并用。

  黄先生所谓"讲读",是"以说话谈论之语调出之"(《朗读法》一二八面),只当得作者的"说"类。赵元任先生论白话诗也说过:"白话诗不能吟,……是本来不预备吟的;既然是白话诗,就是预备说的,而且不是像戏台上道白那末印板式的说法,……乃是照最自然最达意表情的语调的抑扬顿挫来说的。"(《新诗歌集》)

他们似乎都以为白话诗文本于口语,只要说就成。但口语和文字究竟不能一致,况且白话诗文还有多少欧化的成分,一时也还不能顺口地说出。因此便不能不有"读"的腔调。从前宣读诏书,现在法庭里宣读判词,都是读的腔调。读注重意义,注重清楚,要如朱子所谓"舒缓不迫,字字分明"。不管文言、白话,都用差不多的腔调。这里面也有抑扬顿挫,也有口气,但不显著,每字都该给予相当分量,不宜滑过去。整个的效果是郑重,是平静。现在读腔是大行了,除恭读《总理遗嘱》外,还有宣读国民公约、宣读党员守则等;后两者听众并须循声朗读。但这些也许因为读得太熟,听得太熟了,不免有读得太快、太模糊的时候,似乎不合于读的本意。这些都是应用的文言;一切应用的文言都只宜于读。这也关涉到语文的教学。至于白话诗文,向来是用读腔的。赵元任先生的国语留声机片便是如此。他所谓"说",和黄先生所谓"讲读",恐怕也就是作者所谓"读"。这也难怪,白话文里纯粹口语原很少;戏剧能用纯粹口语的,早期只有丁西林先生,近年来才多起来。赵、黄两先生似乎只注意到白话诗文本于口语,虽不是纯粹口语,按理想总该是"预备说的"。可是赵先生实地试验起来,便觉有时候并不能那么"最自然"地

"说"了,他于是只好迁就着"读"。可是他似乎还想着那也是"说",不过不是"最自然"的罢了。赵先生说起戏台上道白。戏台上道白有艺术白和自然白(?)的分别。艺术白郑重,可以说与"读"相当;自然白轻快,丑角多用它,和"说"也有些相像。——白话诗文自当以读为主。

　　早期白话诗文大概免不了文言调,并渗入欧化调,纯粹口语成分极少。后来口语调渐渐赶掉了文言调,但欧化调也随着发展。近年运用纯粹口语——国语,北平话——的才多些,老舍先生是一位代表,但比较起来还是少数。老舍先生的作品富于幽默的成分,"说"起来极有趣味。抗战前北平朱孟实先生家里常有诵读会,有一回一位唐宝钦先生"说"老舍先生的《一天》,活泼轻快,听众都感兴趣,觉着比单是阅读所得的多——已经看过原文的觉得如此,后来补看原文的也觉得如此。作者在清华大学一个集会里也试过浑家先生的《奉劝大爷》(二十五年二月三日《立报》),那是讽劝胡汉民先生的。听众也还感觉趣味。这两篇文都短而幽默。非幽默的长文,作者也在清华诵读会里试说过一回。那是作者自己的《给亡妇》。这篇文是有意用口语写的,但不敢说纯粹到什么程度。说的当儿一面担心时间来不及,一面因为自己说自己的文字有些不好意思,所以说得很快,有点草草了事似的,结果没有能够引起听众的特别注意。作者以为这种文字若用的真是纯粹口语,再由一个会说的人来说,至少可以使听众感到特别真切的。至于用口语写的白话诗,大家最容易想起的该是徐志摩先生的那些"无韵体"的诗。作者觉得那些诗用的可以算是纯粹口语。作者曾在清华的诵读会里试说过他的《卡尔佛里》一首。一面是说得不好,一面也许因为题材太生疏罢,失败了。但是还值得试别首,作者想。还有赵元任先生贺胡适之先生四十生日的诗(十九年十二月十八日北平《晨报》),用的道地的北平话,很幽默的,说起来该很好。徐先生还写过一首他的方言(硖石)诗,《一条金色的光痕》,是一个穷老婆子给另一个死了的穷老婆子向一位太太求帮衬的一番话。作者听过他的小同乡蒋慰堂先生说这首诗,觉得亲切有味。因此想起康白情先生的《一封未写完的信》那首诗,信文大部分用的是口语,有些是四川话;作者想若用四川腔去说,该很好。

早期的戏剧,只有丁西林先生的作品演出时像是话,别的便不免有些文气或外国语气,不像真的。近年来戏剧渐渐发展,抗战以后更盛,像话的对话才算成立了。曹禺先生当然是一位很适当的代表。不久得见陈白尘先生的《结婚进行曲》,觉得那前几幕里的对话自然活泼,好像有弹性似的,值得特别注意。戏剧是预备演的,对话得是"最自然"的,所以非用纯粹口语不可。戏剧虽然不只是预备说的,但既然是"最自然"的对话,当然最宜于说;要训练说腔,戏剧是最适合的材料——小说和散文里虽然也有对话,可是纯粹口语比较少。戏剧的发展可以促进说的发展。不过大部分白话诗文还是只宜于读。就白话文作品而论,读是主腔,说是辅腔;我们自当更着重在读上。

现在的诗歌朗诵,其实是朗读。作者还没有机会参加过这一类朗诵会,但曾请老舍先生读过《剑北篇》的一段和《大地龙蛇》里那段押韵的对话,听的所得比看的所得多而且好。特别是在看的时候觉得那些韵脚太显著,仿佛凸出纸面上似的刺眼,可是听的时候只觉得和谐,韵脚都融化在句子里好像没有了一般。老舍先生不像吟旧诗、词等的样子重读韵脚,而是照外国诗的读法顺着辞气读过去。再说《剑北篇》原用大鼓调句法,他却只读不吟唱,大概是只要郑重和平静的效果的缘故。——读的用处最广大,语文教学上应该特别注重它;现在的学生只在小学里学会了诵,吟、读、说都不曾学。诵在离开小学后恐怕简直用不着;读倒是常常用着。黄先生说到教室内的国文教学,学生"起立读文,……每因害羞,辄以书掩面,草草读毕,或因胆怯,吞吐嗫嚅,期期不能出诸口;偶或出声,亦细微不可辨"(《朗诵法》一三六面)。这是实在情形,正是没有受过读的训练的结果。作者主张小学的国语教学应该废诵重读,兼学吟和说;大中学也该重读,恢复吟,兼学说。有人或许觉得读和说不便于背。其实这是没有根据的成见。背读《总理遗嘱》便是眼前的反证。作者曾试过背读白话诗,觉得至少不比背吟古体诗难。至于背说,演员背戏词也是眼前的例子;还有中小学生背演说的也常见。——语文教学里训练背说,便可以用剧本作材料,让学生分任角色说对话,那么,背起来就更容易了。

诵读教学[*]

前天北平报上有黎锦熙先生谈国语教育一段记载:"他认为现在教育成绩最坏的是国文,其原因,第一在忽视诵读技术。……他于二十年前曾提倡新文学运动,也曾经提倡过欧化的文句。可是文法组织相当精密,没有漏洞。现在中学生作文与说话失去了联系,文字和语言脱了节。文字本来是统一的,语言一向是纷歧的。拿纷歧的语言来写统一的文字,自然发生这种畸形的病象。因此训练白话文的基本技术,应有统一的语言,使纷歧的个别的语言先加以统一的技术训练。所以大原则就是训练白话文等于训练国语。所谓'耳治'、'口治'、'目治'这诵读教学三部曲,日渐纯熟,则古人的'一目十行'、'七步成诗'并非难事。"这一段记

---

[*] 本篇最初刊于1946年12月2日北平《新生报·语言与文学》。

载嫌笼统,不能使我们确切地了解黎先生的意思,但他强调"作文与说话失去了联系,文字和语言脱了节",强调"诵读教学",值得我们注意。

所谓"作文与说话失去了联系",是指写作白话文而言。照上下文看,"失去联系"似乎指作文过分欧化,或者夹杂方言。过分欧化自然和语言脱节,夹杂方言是拿"纷歧的个别的语言"来搅乱统一的国语,也就是和国语脱节。欧化是中国现代文化的一般动向,写作的欧化是跟一般文化配合着的。欧化自然难免有时候过分,但是这八九年来在写作方面的欧化似乎已经能够适可而止了。照上下文看,黎先生好像以文法组织严密为适当的欧化的标准。但是一般中国文法书都还在用那欧语的文法做蓝本,在这个意义之下的"文法组织严密",也许倒会使欧化过分的。这种标准其实还得详细研究,现时还定不下来。可是我们却能觉察到近些年写作的欧化确是达到了适可而止的地步。虽然适可而止,欧化总还是欧化,写作和说话总还在脱节。这个要等时候,加上"诵读教学"的帮忙,会渐渐习惯成自然,那时候看上眼顺的,念上口也会顺了,那时候"耳治"、"口治"、"目治"就一致了。

夹杂方言却与欧化问题不一样。从写作的本人看无论是否中学生,他的文字里夹些方言,恐怕倒觉得合拍些。在读者一面,只要方言用得适当,也会觉得新鲜或别致。这不能算是脱节。我虽然赞成定北平话为标准语,却也欣赏纯方言或夹方言的写作。近些年用四川话写作的颇有几位作家,夹杂四川话或西南官话的写作更多,有些很不错。这个丰富了我们的写的语言;国语似乎该来个门户开放政策,才能成其为国语。

我倒觉察到一些学生作文,过分的依照自己的那"纷歧的个别的语言",而不知道顾到"统一的文字"。这些学生的作文自己读、自己听很顺,自己读、别人听也顺,可是别人读就不顺了。他们不大用心诵读别人的文字,没有那"统一的文字"的意念,只让自己的语言支配着,所以就出了毛病。这些学生可都是相当的会说话的;要不然,他自己读的时候别人听起来就不会觉得顺了。从一方面看,这是作文赶不上说话,算是脱节也未尝不可。这些学生该让他们多多用心诵读各家各派的文字,获得那"统一的文字"的调子或语脉——叫文脉也成。这里就见得"诵读教学"的重要了。

现在流行朗诵,朗诵对于说话和作文也有帮助,因为练习朗诵得咬嚼文字的意义,揣摩说话的神气。但是也许更着重在揣摩上。朗诵其实就是戏剧化,着重在动作上。这是一种特别的才能,有独立性;作品就是看来差些,朗诵家凭自己的才能也还会使听众赞叹的。诵读和朗读却不相同。称为"读"就着重在意义上,"读"字本作抽出意义解,读白话文该和宣读文件一般,自然也讲究疾徐高下,却以清朗为主,用不着什么动作。有些白话文有意用说话体,那就应该照话那么"说";"说"也是清朗为主,有时需要一些动作,也不多。白话文需要读的却比需要说的多得多,所以读,朗读或诵读更该注重。诵读似乎不难训练,读了白话文去背也并不难。只是一般教师学生用私塾念书的调子去读,或干脆不教学生读,以为不好读或不值得读。前者歪曲了白话文,后者也歪曲了白话文,所谓过犹不及。要增进学生了解和写作白话文的能力,是得从正确的诵读教学下手,黎先生的见解是不错的。

诵读教学与"文学的国语"[*]

黎锦熙先生提倡国语的诵读教学,魏建功先生也提倡国语的诵读教学。魏先生是台湾国语推行委员会主任委员。他为中国语文诵读方法座谈会的事写信给我,说"台省国语事业与国文教学不能分离,而于诵读问题尤甚关切"。黎先生也曾说"训练白话文等于训练国语",因而强调诵读教学。黎先生的话和魏先生的话合看,相得益彰。在语言跟国语大不相同的台湾省,才更见出诵读教学的重要来。国语对于现在的台湾同胞差不多是一种新的语言;学习新的语言,得从"说"入手;但是要同时学习"说"和"写",就非注重诵读教学不可。

诵读教学在一般看来是注重了解和写作,黎先生

---

[*] 本篇最初刊于1946年12月16日北平《新生报·语言与文学》。

的意见，据报上所记，正是如此。魏先生似乎更注重诵读对于说的效用，就是对于口语的效用。这一层是我们容易忽略的。我们现在学习外国语，一般的倒是从诵读入手，这是事实。照念的"说"出来，虽然不很流利，却也可以成话。这可见诵读可以帮助造成口语。但是我们学习国语，一般的是从"说"入手。这原是更有效的直接办法。不过在台湾这种直接办法事实上恐怕一时不能普遍推行，所以就是撇开"写"单就"说"而论，也还得从诵读入手。我猜想魏先生的意思是如此。

我因此却想到一个更大的问题，就是"文学的国语"的问题。胡适之先生当年写《建设的文学革命论》，提出"国语的文学，文学的国语"两个语。他说"文学的国语"要由"国语的文学"产生。这是不错的。到现在三十年了，"国语的文学"已经伸展到小公务员和小店员群众里，区域是广大了，读众是很不少了，而"文学的国语"虽然也在成长中，却似乎慢些。就是接触国语文学最多最久的知识青年这阶层，在这三十年里口语上似乎也并没有变化多少，没有丰富多少，这比起国语文学的发达，简直可以说是配合不上。我想这种情形主要的是由于国语的文学有自觉的努力,而文学的国语只在自然的成长。现在是到了我们加以自觉的努力的时候了,这种自觉的努力就是诵读教学。

现在我们的白话文,就是国语文学用的文字,夹杂着一些文言和更多的欧化语式。文言本可上口,不成大问题;成问题的是欧化语式,一般人总觉得不能上口,加以非难,他们要的是顺:看起来顺眼,听起来顺耳,读起来顺口。这里是顺口第一;顺口自然顺耳,而到了顺耳,自然也就顺眼了,所以不断地有人提出"上口"来做白话文的标准。这自然有它的道理,白话本于口语,自然应该"上口"。但是从语言的成长而论,尤其从我们的"文学的国语"的成长而论,这个"上口"或"顺口"的标准却应该活用;有些新的词汇新的语式得给予时间让它们或教它们上口。这些新的词汇和语式,给予了充足的时间,自然就会上口;可是如果加以诵读教学的帮助,需要的时间会少些,也许会少得多。

语言是活的,老是在成长之中,随时吸收新的词汇和语式来变化它自己,丰富它自己。但这是自然而然,所以我们虽然常有些新语上口,却简直不觉得那些是新语。可是在大量新语同时来到的时候,我们就觉得了。清末的"新名词"的问题，就是因为"新名词"一涌而来，消化不了，所以大家才觉得那些是"新名词"，是不顺眼的"新名词"。但是那些"新名词"如"手续"、"取消"等，以及新语式如"有……必要"等，现在却早已成了口头熟语了。新名词越来越多，见惯不惊，也已经不成问题了。成问题的是欧化语式。但是反对欧化语式的似乎以老年人和中年人为多；在青年人间，只要欧化得不过分，他们倒愿意接受的。

青年人愿意接受欧化语式，主要的是阅读以及诵读的影响。这时代的青年人，大概在小学和初中时期就接触了白话文，而一般白话文多少都有些欧化。他们诵读一些，可是阅读的很多。高中到大学时期他们还是不断地在阅读欧化的白话文，并且阅读的也许更多。这样自然就愿意接受欧化的语式。只是由于诵读教学的不得法和无标准，他们接受欧化语式，阅读的影响实在比诵读的影响大得多。所以就是他们，也还只能多多接受欧化到笔下，而不能多多接受欧化到口头。白话文确是至今还不能完全上口。写好一篇稿子去演讲广播，照着念下去，自己总觉得有许多地方不顺口，怕人家听不明白。于是这里插进一些解释，那里换掉一些语式，于是白话和白话文还是两家子，说的语言和写的语言多少本有些距离，但是演讲或广播的语言应该近于写的语言，而不应该如我们的相距这么远。白话文像这样不能完全上口，我们的"文学的国语"是不能成立的。

现在我们叙述或讨论日常事项，因为词汇的关系，常常不自觉地采用一些欧化语式，但是范围不大。要配合着这种实际情形，加速"文学的国语"的成长，就得注重诵读教学，建立诵读的标准。如果从小学到初高中一直注重诵读，教师时常范读，学生时常练习，习惯成自然，就会觉得白话文并不难上口。这班青年学生到了那时候就不但会接受新的白话文在笔下，并将接受新的白话到口头了。他们更将散布影响到一般社会里，这样会加速国语的成长，也会加速"文学的国语"的造成。诵读教学并不太难。第一得知道诵读就是读，不是吟，也不是唱。这是最简单的标准。第二得多练习；曲不离口，诵读也要如此。这是最简单的办法。过去的诵读教学，拿白话文来吟唱，自然不是味儿；因为不是味儿，也就不愿意多练习，现在得对症下药才成。

论诵读[*]

最近魏建功先生举行了一回"中国语文诵读方法座谈会",参加的有三十人左右,座谈了三小时,大家发表的意见很多。我因为去诊病,到场的时候只听到一些尾声。但是就从这短短的尾声,也获得不少的启示。昨天又在北平《时报》上读到李长之先生的《致魏建功先生书》,觉得很有兴味。自己在接到开会通知的时候也曾写过一篇短文,说明诵读教学可以促进"文学的国语"的成长,现在还有些补充的意见,写在这里。

抗战以来大家提倡朗诵,特别提倡朗诵诗。这种诗歌朗诵战前就有人提倡。那时似乎是注重诗歌的音节的试验;要试验白话诗是否也有音乐性,是否也可

---

[*] 本篇最初刊于1947年2月9日天津《大公报·星期文艺》。

以悦耳，要试验白话诗用哪一种音节更听得入耳些。这种朗诵运动为的要给白话诗建立起新的格调，证明它的确可以替代旧诗。战后的诗歌朗诵运动比战前扩大得多。这时期注重的是诗歌的宣传作用、教育作用，也许尤其是团结作用，这是带有政治性的。而这种朗诵，边诵边表情，边动作，又是带有戏剧性的。这实在是将诗歌戏剧化。戏剧化了的诗歌总增加了些什么，不全是诗歌的本来面目。而许多诗歌不适于戏剧化，也就不适于这种朗诵。所以有人特别写作朗诵诗。战前战后的朗诵运动当然也包括小说散文和戏剧，但是特别注重诗；因为是精练的语言，弹性大，朗诵也最难。朗诵的发展可以帮助白话诗文的教学，也可以帮助白话诗文的上口，促进"文学的国语"成长。但是两个时期的朗诵运动，都并不以语文教学为目标；语文教学实际上也还没有受到很大的影响。现在魏建功先生，还有黎锦熙先生，都在提倡诵读教学，提倡向这一方面的自觉的努力，这是很好的。这不但与朗诵运动并行不悖，而且会相得益彰。黎先生提倡的诵读教学，据报上他的谈话，似乎注重白话，魏先生的座谈，却包括文言。这种诵读教学自然是以文为主，不以诗为主；因为教材是文多，习作也是文多，应用还是文多。这就和朗诵运动的出发点不一样。

诵读是一种教学过程，目的在培养学生的了解和写作的能力。教学的时候先由教师范读，后由学生跟着读，再由学生自己练习着读，有时还得背诵。除背诵外却都可以看着书。诵读只是诵读，看着书自己读，看着书听人家读，只要做过预习的工夫，当场读得又得法，就可以了解的，用不着再有面部表情和肢体动作。这和战前的朗诵差不多，只是朗诵时听众看不到原作；和战后的朗诵却就差得多。朗诵是艺术，听众在欣赏艺术。诵读是教学，读者和听者在练习技能。这两件事目的原不一样。但是朗诵和诵读都是既非吟，也非唱，都只是说话的调子，这可是一致的。

吟和唱都将文章音乐化，而朗诵和诵读却注重意义，音乐化可以将意义埋起来，或使意义滑过去。战前的朗诵固然可以说是在发现白话诗的音乐性，但是有音乐性不就是音乐化。例如一首律诗，平仄的安排是音乐性，吟起来才是音乐化，读下去就不是的。现在我们注重意义，所以不要音乐化，不要吟和唱。我在别处说过"读"该照宣读文件那样，但是这句话还未甚显明。李长之先生说的才最干脆，他说"所谓诵读一事,也便只有用话的语调(平常说话的语调)去读的一途了"。宣读文件其实就用的是说话的语调。

诵读虽然该用说话的调子,可究竟不是说话。诵读赶不上说话的流畅,多少要比说话做作一些。诵读第一要口齿清楚,吐字分明。唱曲子讲究咬字,诵读也得字字清朗,尽管抑扬顿挫,清朗总得清朗的。李长之先生注重词汇的读出,也就是这个意思。座谈会里潘家洵先生指出私塾儿童读书固然有两字一顿的,却也有一字一顿的;如"孟——子——见——梁——惠——王"之类的读法,我们是常常可以听到的。大概两字一顿是用在整齐的句法上,如读《千字文》、《百家姓》、《龙文鞭影》、《幼学琼林》、《千家诗》之类;一字一顿是用在参差的句法上,如读四书等。前者是音乐化,后者逐字用同样强度读出,是让儿童记清每一个字的形和音,像是强调的说话。这后一种诵读,机械性却很大,不像说话那样可以含糊几个字甚至吞咽几个字而反有姿态,有味儿。我们所要的字字清朗的诵读,性质上就近于这后一种,不过顿的字数不一定,再加上抑扬顿挫,跟说话多相像一些罢了。

用说话的调子诵读白话文,自然该最像说话,虽然因为言文总有些分别,不能等于说话。但是现在的白话文是欧化了的，诵读起来也还不能很像说话。相信诵读教学切实施行若干时后，诵读可以帮助变化说话的调子；那时白话文的诵读虽然还是不能等于说话，总该差不离儿了。诵读白话诗，现在是更不像说话；因为诗是精练的说话，跟随心信口的说话本差着些程度，加上欧化，自然就差得更多。用说话的调子读文言，不论是诗是文，是骈是散，自然还要差得多；但是比吟或唱总近于说话些。从前学文言乃至欣赏文言，好像非得能吟会唱不可。我想吟唱固然有益，但是诵读也许帮助更大。大概诗词曲和骈文，音乐性本来大些，音乐化的去吟唱可以获得音乐方面的受用，但是在了解和欣赏意义上，吟唱是不如诵读的，至于所谓古文，本来基于平常说话的调子，虽然因为究竟不是口头的语言，不妨音乐化的去吟唱，然而受用似乎并不大；倒是诵读能见出这种古文的本色。所以就是文言，也还该以说话调的诵读为主。但是诵读总得多读熟读，才有效用；"曲不离口"，诵读也是一样道理。

诵读口语体的白话文（这种也可以称为白话），还有诵读小说里的一些对话和话剧，应该就像说话一样，虽然也还未必等于说话。说是未必等于说话，因为说话有声调，又多少总带着一些面部表情和肢体动作，写出来的说话虽然包含着这些，却不分明，诵读这种写出来的说话，得从意义里去揣摩，得从字里行间去揣摩。而写的人虽然想着包含那些，却也未必能包罗一切；揣摩的人也未必真能尽致。这就未必相等的。所以认真的演出话剧，得有戏谱，详细注明声调等等。李长之先生提到的赵元任先生的《最后五分钟》就是这种戏谱。有了这种戏谱，还得再加揣摩。但是舞台上的台词也还是不等于平常的说话。因为台词不但是戏中人在对话，并且是给观众听的对话，固然得流畅，同时也得清朗。所以演戏需要专业的训练，比诵读难。

写的白话不等于说话，写的白话文更不等于说话。写和说到底是两回事。文言时代诵读帮助写的学习，却不大能够帮助说的学习；反过来说话也不大能够帮助写的学习。这时候有些教育程度很高的人会写却说不好，或者会说却写不好，原不足怪。可是，现下白话时代，诵读不但可以帮助写，还可以帮助说，而说话也可以帮助写；可是会写不会说和会说不会写的人还是有。这就见得写和说到底是两回事了。大概学写主要得靠诵读，文言白话都是如此；单靠说话学不成文言也学不好白话。现在许多学生很能说话，却写不通白话文，就因为他们诵读太少，不懂得如何将说话时的声调等等包含在白话文里。他们的作文让他们自己念给别人听，满对，可是让别人看就看出不通来了。他们会说话到一种程度，能以在诵读自己作文的时候，加进那些并没有能够包含在作文里的成分去，所以自己和别人听起来都合式；他们自己看的时候，也还能够如此。等到别人看，别人凭一般诵读的习惯，只能发挥那些作文里包含得有的，却不能无中生有，这就漏了。至于学说话，主要的得靠说话；多读熟白话文，多少有些帮助，多少能够促进，可是主要的还得靠说话。只注重诵读和写作而忽略了说话，自然容易成为会写而说不好的人。至于李长之先生提到鲁迅先生，又当别论。鲁迅先生是会说话的，不过不大会说北平话。他写的是白话文，不是白话。长之先生赞美座谈会由顾随先生读的《阿Q正传》，说是"觉得鲁迅运用北平的口语实在好极了"。我当时不在场，想来那恐怕一半应该归功于顾先生的诵读的。

　　再说用说话的调子诵读白话诗那是比诵读白话文更不等于说话。如上文所说诗是精练的语言，跟平常的说话自然差得多些。精练靠着暗示和重叠。暗示靠新鲜的比喻和经济的语句；重叠不是机械的，得变化，得多样。这就近乎歌而带有音乐性了。这种音乐性为的是集中注意的力量，好像电影里特别的镜头。集中了注意力，才能深入每一个词汇和语句，发挥那蕴藏着的意义，这也就是诗之所以为诗。白话诗却不要音乐化，音乐化会掩住了白话诗的个性，磨损了它的曲折处。白话诗所以不会有固定的声调谱，我看就是为此。白话诗所以该用说话调诵读，也是为此。一方面白话诗也未尝不可以全不带音乐性而直用平常说话的调子写作。但是只宜于短篇如此。因为短篇的精练可以不靠重叠，长些就不成。苏俄的玛耶可夫斯基的诗，按说就只用平常说话的调子，却宜于朗诵。他的诗就是短篇多，国内也有向这方面努力的，田间先生就是一位。这种诗不用说更该用说话调诵读，诵读起来也许跟口语体的白话文差不多，但要强调些。因为篇幅短，要是读得太流畅，一下子就完了，没有了，所以得滞实些才成。其实诗的诵读一般的都得滞实些。一方面有弹性，一方面要滞实，所以难。两次朗诵运动都以诗为主，在艺术上算是攻坚。但是诵读只是训练技能，还该从容易的文的诵读下手。

论诗学门径[*]

本文所谓诗，专指中国旧体诗而言；所谓诗学，专指关于旧诗的理解与鉴赏而言。

据我数年来对于大学一年生的观察，推测高中学生学习国文的情形，觉得他们理解与鉴赏旧诗比一般文言困难，但对于诗的兴味却比文大。这似乎是一个矛盾，其实不然。他们的困难在意义，他们的兴味在声调；声调是诗的原始的也是主要的效用，所以他们虽觉难懂，还是乐意。他们更乐意读近体诗；近体诗比古体诗大体上更难理解，可是声调也更谐和，便于吟诵，他们的兴味显然在此。

这儿可以看出吟诵的重要来。这是诗的兴味的发端，也是诗学的第一步。但偶然的随意的吟诵是无用

---

[*] 本篇最初刊于1931年《中学生》第15号。

的；足以消遣，不足以受用或成学。那得下一番切实的苦工夫，便是记诵。学习文学而懒于记诵是不成的，特别是诗。一个高中文科的学生，与其囫囵吞枣或走马观花地读十部诗集，不如仔仔细细地背诵三百首诗。这三百首诗虽少，是你自己的；那十部诗集虽多，看过就还了别人。我不是说他们不应该读十部诗集，我是说他们若不能仔仔细细读这些诗集，读了还不和没读一样！

中国人学诗向来注重背诵。俗语说得好："熟读唐诗三百首，不会吟诗也会吟。"我现在并不劝高中的学生作旧诗，但这句话却有道理。"熟读"不独能领略声调的好处，并且能熟悉诗的用字、句法、章法。诗是精粹的语言，有它独具的表现法式。初学觉得诗难懂，大半便因为这些法式太生疏之故。学习这些法式最有效的方法是综合，多少应该像小儿学语一般；背诵便是这种综合的方法。也许有人想，声调的好处不需背诵就可领略，仔细说也不尽然。因为声调不但是平仄的分配，还有四声的讲究；不但是韵母的关系，还有声母的关系。这些条目有人说是枷锁，可是要说明旧诗的技巧，便不能不承认它们的存在。这些我们现在其实也还未能完全清楚，一个中学生当然无须详细知道；但他会从背诵里觉出一些细微的分别，虽然不能指名。他会觉出这首诗调子比另一首好，即使是平仄一样的律诗或绝句，这在随便吟诵的人是不成的。

现在的中学生大都不能辨别四声；他们也没有"韵"的观念。这样便不能充分领略诗的意味。四声是平、上、去、入四种字调，最好幼时学习，长大了要难得多。这件事非理论所能帮助，只能用诵读《四声等韵图》(如东、董、冻、笃之类；《康熙字典》卷首有此图）或背诵近体诗两法学习。诵读四声图最好用自己方音；全读或反复读一行（如东、董、冻、笃）都可。但须常读，到任举一字能辨其声为止。这方法在成人也是有效的，有人用过；不过似乎太机械些。背诵近体诗要有趣得多，而且是一举两得的办法。近体诗的平仄有一定的谱；从那调匀的声调里，你可渐渐地辨别。这方法也有人用过见效；但我想怕只能辨别平仄，要辨别四声，还是得读四声图的。所以若能两法并用最好。至于"韵"的观念，比较容易获得，方法仍然是背诵近体诗，可是得有人给指出韵的位置和韵书的用法。这是容易说明的，与平仄之全凭天籁不同。不过单是说明，没有应用，不能获得确实的观念，所以还要靠背诵。固然旧诗的韵有时与我们的口音不合：我们以为不同韵的字，也许竟是同韵，我们以为同韵的字，也许竟会不同韵；但这可以预先说明。好在大部分不致差得很远；我们只要明白韵的观念，并非要辨别各字的韵部，这样也就行了。我只举近体诗，因为古体诗用韵较不整齐，又往往换韵，而所用韵字的音与现在相差也更远。至于韵即今日所谓母音或元音，同韵字即同母音或元音的字，押韵即将此类字用在相"当"的地位，这些想是中学生诸君所已知道的。

记诵只是诗学的第一步。单记诵到底不够的；须能明白诗的表现方式，记诵的效才易见。诗是特种的语言，它因音数（四五七言是基本音数）的限制，便有了特种的表现法。它须将一个意思或一层意思或几层意思用一定的字数表现出来；它与自然的散文的语言有时相近，有时相远，但绝不是相同的。它需要艺术的功夫。近体诗除长律外，句数有定，篇幅较短，有时还要对偶，所以更其是如此。固然，这种表现法，记诵的诗多了，也可比较同异，渐渐悟出；但为时既久，且未必能鞭辟入里。因此便需要说诗的人。

说诗有三种：注明典实、申述文义、评论作法。这三件就是说，用什么材料，表什么意思，使什么技巧。上两件似乎与表现方式无涉；但不知道这些，又怎能看出表现方式？也有些诗是没什么典实的，可是文义与技巧总有待说明处；初学者单靠自己捉摸，究竟不成。我常想，最好有"诗例"这种书，略仿俞曲园《古书疑义举例》的体裁，将诗中各种句法或辞例，一一举证说明。坊间诗学入门一类书，也偶然注意及此，但太略、太陋，无甚用处。比较可看而又易得的，只有李锳《诗法易简录》（有铅印本）、朱宝莹《诗式》（中华书局铅印）。《诗法易简录》于古体诗，应用王士祯、赵执信诸家之说，侧重声调一面，所论颇多精到处。于近体诗专重章法，简明易晓，不作惝恍迷离语，也不作牵强附会语。《诗式》专取五七言近体，皆唐人清新浅显之作，逐首加以评语注释。注释太简陋，且不免错误；评语详论句法章法，很明切，便于初学。书中每一体（指绝句、律句）前有一段说明，论近体声调宜忌，能得要领。初学读此书及前书后半部，可增进对于近体诗的理解力与赏鉴力。至于前书古体一部分，却宜等明白四声后再读；早读一定莫名其妙。

此外宜多读注本，评本。注本易芜杂，评本易肤泛笼统，选择甚难。我是主张中学生应多读选本的，姑就选本说罢。唐以前的五言诗与乐府，自然用《文选》李善注（仿宋胡刻《文选》有影印本）；刘履的《选诗补注》（有石印本）和于光华的《文选集评》（石印本名《评注昭明文选》）也可参看。《玉台新咏》（吴兆宜笺注；有石印本）的重要仅次于《文选》；有些著名的乐府只见于此书；又编者徐陵在昭明太子之后，所以收的作家多些。沈德潜《古诗源》也可用，有王莼父笺注本（崇古书社铅印），但笺注颇有误处。唐诗可用沈氏《唐诗别裁集》（有石印本），此书有俞汝昌引典备注（刻本），是正统派选本。另有五代韦縠《才调集》，以晚唐为宗，有冯舒、冯班评语，简当可看（有石印本）；殷元勋、宋邦绥作笺注，石印本无之。以上二书，兼备众体。元好问的《唐诗鼓吹》专选中晚唐七律；元是金人，当然受宋诗的影响，他是别出手眼去取的。此书有郝天挺注，廖文炳解，钱谦益、何焯评（文明书局石印。有人说这是伪书，钱谦益曾作序辨之；我得见姚华先生所藏元刊本诸序，觉得钱氏所说不误）。另有徐增《而庵说唐诗》

（刻本），颇能咬嚼文字，启人心思，也是各体都有。宋诗选本有注者似甚少。七古可看闻人倓《古诗笺》（王士禛原选）；七律可看赵彦博《宋今体诗钞注略》（姚鼐有《今体诗钞》，此书只注宋代诸作）。但前书价贵些，后书又少见。张景星《宋诗百一选》（石印本，在《五朝诗别裁集》中）备各体，可惜没有注。选集的评本，除前已提及的外，最多最著的要算纪昀《瀛奎律髓刊误》。纪氏论诗虽不免过苛，但剖析入微，耐人寻味，值得细看。又文明书局有《历代诗评注读本》（分古诗、唐诗、宋元明诗、清诗），也还简明可看。至于汉以前的诗，自然该读《诗经》、《楚辞》。《诗经》可全读，用朱熹集传就行；《楚辞》只须读屈、宋诸篇，也可用朱熹集注。

诗话可以补注本、评本之不及，大抵片段的多，系统的少。章学诚分诗话为论诗及事与及辞两种，最为明白。成书最早的诗话，要推梁钟嵘的《诗品》（许文玉《诗品释》最佳，北京大学出版部代售），将汉以来五言诗作者分为上中下三品，所论以辞为主。到宋代有"诗话"之名，诗话也是这时才盛。我只举魏庆之《诗人玉屑》及严羽《沧浪诗话》两种。

前者采撷南宋诸家诗话，分类编成，能引人入胜；后者始创"诗有别材别趣"之说，影响后世甚大（均有石印本，后者并有注）。袁枚的《诗法丛话》（有石印本）也与《诗人玉屑》同类，但采撷的范围直至清代。至于专论诗话的，有郭绍虞先生的《诗话丛话》，见《小说月报》二十卷一、二、四诸号中，可看。诗话之外，若还愿意知道一些诗的历史，我愿意介绍叶燮《原诗》（见《清诗话》，文明书局发行）；《原诗》中论诗学及历代诗大势，都有特见。黄节先生《诗学》要言不烦，只是已绝版。陆侃如先生《中国诗史》听说已由大江书铺付印，那将是很好的一部诗史，我念过其中一部分。此外邵祖平《唐诗通论》（《学衡》十二期）总论各节都有新意；许文玉《唐诗综论》（北京大学出版部代售）虽琐碎而切实，均可供参考。宋诗有庄蔚心《宋诗研究》（大东书局），材料不多，但多是有用的原料；较《小说月报》"中国文学研究"中陈延杰《宋诗的派别》一文要好些。再有，胡适先生《白话文学史》和《国语文学史》中论诗诸章，以白话的立场说旧时趋势，也很值得一读的。

附注 文中忘记说及顾实的《诗法捷要》一书（上海医学书局印）。这本书杂录前人之说（如方回《瀛奎律髓》、周弼《三体唐诗》等），没有什么特见，但因所从出的书有相当价值，所以可看。书分三编：前编论绝句，中编论律诗，均先述声律，次列作法，终举作例；后编专论古诗声韵。初学可先看前两编。

关于"月夜蝉声"

我的《荷塘月色》那篇文章里提到蝉声。抗战前几年有一位陈少白先生——陈先生的名字,我记忆的也许不准确——写信给我,说蝉子夜晚是不叫的。那时我问了好几个人,都说陈先生的话不错。我于是写信请教同事的昆虫学家刘崇乐先生。过了几天,他抄了一段书交给我,只说了一句话:"好容易找到这一段儿!"这一段儿出于什么书,著者是谁,我都忘了。但是文中记录的,确是月夜的蝉声;著者说平常夜晚蝉子是不叫的,那一个月夜,他却听见它们在叫。

当时我觉得刘先生既然"好容易找到这一段儿",而一般人在常识上又都觉得蝉子夜晚不叫,那么那一段记录也许是个例外。因此我复陈先生的信,谢谢他,并简单地告诉他我曾经请教过一位生物学家,这位生物学家也说夜晚蝉子不叫。信中没有提刘先生的名字，因为这些话究竟只是我的解释；刘先生是谨慎的科学家，关于这个问题，他自己其实没有说一个字。信中我又说《背影》以后再版，要删掉月夜蝉声那句子。

抗战的一年或其后一年，陈先生在正中书局的《新学生月刊》上发表了一篇文章，讨论这问题，并引了我的信。他好像还引了王安石的《葛溪驿》诗的故事。诗中也提到月夜蝉声；历来都怀疑他那诗句，因为大家都觉得夜晚蝉子不叫。这个故事增加这问题的兴味。但那时我自己却已又有两回亲耳听到月夜的蝉声。我没有记录时间和地点等等，可是这两回的经验是确实的；因为听到的时候，我都曾马上想到这问题和关于它的讨论。

当时我读了陈先生的文章，很想就写封信给他，告诉他关于那位生物学家对我的曲解，和我的新的经验，跟《荷塘月色》中所叙的有相同的地方。可惜不知道他的通信处，没法写这封信。于是又想写篇短文说明这些情形，但是懒着没有动笔。一懒就懒了这些年，真是对不住陈先生和一些读者。

从以上所叙述的，可以知道观察之难。我们往往由常有的经验作概括的推论。例如由有些夜晚蝉子不叫，推论到所有夜晚蝉子不叫。于是相信这种推论便是真理。其实只是成见。这种成见，足以使我们无视新的不同的经验，或加以歪曲的解释。我自己在这儿是个有趣的例子。在《荷塘月色》那回经验里，我并不知道蝉子平常夜晚不叫。后来读了陈先生的信，问了些别人，又读到王安石《葛溪驿》诗的注，便跟着跳到"蝉子夜晚是不叫的"那概括的结论，而相信那是真理。于是自己的经验，认为记忆错误；专家的记录，认为也许例外。这些足证成见影响之大。那后来的两回，若不是我有这切己的问题在心里，也是很容易忽略过去的。新的观察新的经验的获得，如此艰难，无怪乎《葛溪驿》的诗句久无定论了。

一九三九年

《古诗十九首释》前言*

诗是精粹的语言。因为是"精粹的",便比散文需要更多的思索,更多的吟味;许多人觉得诗难懂,便是为此。但诗究竟是"语言",并没有真的神秘;语言,包括说的和写的,是可以分析的;诗也是可以分析的。只有分析,才可以得到透彻的了解;散文如此,诗也如此。有时分析起来还是不懂,那是分析得还不够细密,或者是知识不够,材料不足;并不是分析这个方法不成。这些情形,不论文言文、白话文、文言诗、白话诗,都是一样。不过在一般不大熟悉文言的青年人,文言文,特别是文言诗,也许更难懂些罢了。

我们设"诗文选读"这一栏,便是要分析古典和

---

* 本篇最初刊于1941年《国文月刊》第1卷第6期。

现代文学的重要作品，帮助青年诸君的了解，引起他们的兴趣，更注意的是要养成他们分析的态度。只有能分析的人，才能切实欣赏；欣赏是在透彻的了解里。一般的意见将欣赏和了解分成两橛，实在是不妥的。没有透彻的了解，就欣赏起来，那欣赏也许会驴唇不对马嘴，至多也只是模糊影响。一般人以为诗只能综合地欣赏，一分析诗就没有了。其实诗是最错综的，最多义的，非得细密的分析工夫，不能捉住它的意旨。若是囫囵吞枣地读去，所得着的怕只是声调词藻等一枝一节，整个儿的诗会从你的口头眼下滑过去。

　　本文选了《古诗十九首》作对象，有两个缘由。一来《十九首》可以说是我们最古的五言诗，是我们诗的古典之一。所谓"温柔敦厚"、"怨而不怒"的作风，"三百篇"之外，《十九首》是最重要的代表。直到六朝，五言诗都以这一类古诗为标准；而从六朝以来的诗论，还都以这一类诗为正宗。《十九首》影响之大，从此可知。

　　二来《十九首》既是诗的古典，说解的人也就很多。古诗原来很不少，梁代昭明太子（萧统）的《文选》里却只选了这《十九首》。《文选》成了古典，

《十九首》也就成了古典；《十九首》以外，古诗流传到后世的，也就有限了。唐代李善和"五臣"给《文选》作注，当然也注了《十九首》。嗣后历代都有说解《十九首》的，但除了《文选》注家和元代刘履的《选诗补注》，整套作解的似乎没有。清代笺注之学很盛，独立说解《十九首》的很多。近人隋树森先生编有《古诗十九首集释》一书（中华版），搜罗历来《十九首》的整套的解释，大致完备，很可参看。

这些说解，算李善的最为谨慎、切实；虽然他释"事"的地方多，释"义"的地方少。"事"是诗中引用的古事和成辞，普通称为"典故"。"义"是作诗的意思或意旨，就是我们日常说话里的"用意"。有些人反对典故，认为诗贵自然，辛辛苦苦注出诗里的典故，只表明诗句是有"来历"的，作者是渊博的，并不能增加诗的价值。另有些人也反对典故，却认为太麻烦，太琐碎，反足为欣赏之累。

可是，诗是精粹的语言，暗示是它的生命。暗示得从比喻和组织上作工夫，利用读者联想的力量。组织得简约紧凑；似乎断了，实在连着。比喻或用古事成辞，或用眼前景物；典故其实是比喻的一类。这首诗那首诗可以不用典故,但是整个儿的诗是离不开典故的。旧诗如此,新诗也如此;不过新诗爱用外国典故罢了。要透彻地了解诗,在许多时候,非先弄明白诗里的典故不可。陶渊明的诗,总该算"自然"了,但他用的典故并不少。从前人只囫囵读过,直到近人古直先生的《靖节诗笺定本》,才细细地注明。我们因此增加了对于陶诗的了解;虽然我们对于古先生所解释的许多篇陶诗的意旨并不敢苟同。李善注《十九首》的好处,在他所引的"事"都跟原诗的文义和背景切合,帮助我们的了解很大。

别家说解,大都重在意旨。有些是根据原诗的文义和背景,却忽略了典故,因此不免望文生义,模糊影响。有些并不根据全篇的文义、典故、背景,却只断章取义,让"比兴"的信念,支配一切。所谓"比兴"的信念,是认为作诗必关教化;凡男女私情,相思离别的作品,必有寄托的意旨——不是"臣不得于君",便是"士不遇知己"。这些人似乎觉得相思离别等等私情不值得作诗;作诗和读诗必须能见其大。但是原作里却往往不见那大处。于是,他们便抓住一句两句,甚至一词两词,曲解起来,发挥开去,好凑合那个传统的信念。这不但不切合原作,并且常常不能自圆其说；只算是无中生有，驴唇不对马嘴罢了。

据近人的考证，《十九首》大概作于东汉末年，是建安（献帝）诗的前驱。李善就说过，诗里的地名像"宛"、"洛"、"上东门"，都可以见出有一部分是东汉人作的；但他还相信其中有西汉诗。历来认为《十九首》里有西汉诗，只有一个重要的证据，便是第七首里"玉衡指孟冬"一句话。李善说，这是汉初的历法。后来人都信他的话，同时也就信《十九首》中一部分是西汉诗。不过李善这条注并不确切可靠，俞平伯先生有过详细讨论，载在《清华学报》里。我们现在相信这句诗还是用的夏历。此外，梁启超先生的意见，《十九首》作风如此相同，不会分开在相隔几百年的两个时代（《美文及其历史》）。徐中舒先生也说，东汉中叶，文人的五言诗还是很幼稚的；西汉若已有《十九首》那样成熟的作品，怎么会有这种现象呢！（《古诗十九首考》，《中大语言历史研究所周刊》六十五期。）

《十九首》没有作者；但并不是民间的作品，而是文人仿乐府作的诗。乐府原是入乐的歌谣，盛行于西汉。到东汉时，文人仿作乐府辞的极多；现存的乐府古辞，也大都是东汉的。仿作乐府，最初大约是依原调，用原题；后来便有只用原题的。再后便有不依原调，不用原题，只取乐府原意，作五言诗的了。这种作品，文人化的程度虽然已经很高，题材可还是民间的，如人生不常、及时行乐、离别、相思、客愁，等等。这时代作诗人的个性还见不出，而每首诗的作者，也并不限于一个人；所以没有主名可指。《十九首》就是这类诗；诗中常用典故，正是文人的色彩。但典故并不妨害《十九首》的"自然"；因为这类诗究竟是民间味，而且只是浑括的抒叙，还没到精细描写的地步，所以就觉得"自然"了。

论百读不厌[*]

前些日子参加了一个讨论会，讨论赵树理先生的《李有才板话》。座中一位青年提出了一件事实：他读了这本书觉得好，可是不想重读一遍。大家费了一些时候讨论这件事实。有人表示意见，说不想重读一遍，未必减少这本书的好，未必减少它的价值。但是时间匆促，大家没有达到明确的结论。一方面似乎大家也都没有重读过这本书，并且似乎从没有想到重读它。然而问题不但关于这一本书，而是关于一切文艺作品。为什么一些作品有人"百读不厌"，另一些却有人不想读第二遍呢？是作品的不同吗？是读的人不同吗？如果是作品不同，"百读不厌"是不是作品评价的一个标准呢？这些都值得我们思索一番。

---

[*] 本篇最初刊于1947年《文讯》第7卷第5期。

苏东坡有《送章惇秀才失解西归》诗，开头两句是：

> 旧书不厌百回读，熟读深思子自知。

"百读不厌"这个成语就出在这里。"旧书"指的是经典，所以要"熟读深思"。《三国·魏志·王肃传·注》：

> 人有从（董遇）学者，遇不肯教，而云必当先读百遍，言读书百遍而意自见。

经典文字简短，意思深长，要多读，熟读，仔细玩味，才能了解和体会。所谓"意自见"、"子自知"，着重自然而然，这是不能着急的。这诗句原是安慰和勉励那考试失败的章惇秀才的话，劝他回家再去安心读书，说"旧书"不嫌多读，越读越玩味越有意思。固然经典值得"百回读"，但是这里着重的还在那读书的人。简化成"百读不厌"这个成语，却就着重在读的书或作品了。这成语常跟另一成语"爱不释手"配合着，在读的时候"爱不释手"，读过了以后"百读不厌"。这是一种赞词和评语,传统上确乎是一个评价的标准。当然,"百读"只是"重读"、"多读"、"屡读"的意思,并不一定一遍接着一遍地读下去。

经典给人知识,教给人怎样做人,其中有许多语言的、历史的、修养的课题,有许多注解,此外还有许多相关的考证,读上百遍,也未必能够处处贯通,教人多读是有道理的。但是后来所谓"百读不厌",往往不指经典而指一些诗,一些文,以及一些小说;这些作品读起来津津有味,重读、屡读也不腻味,所以说"不厌";"不厌"不但是"不讨厌",并且是"不厌倦"。诗文和小说都是文艺作品,这里面也有一些语言的和历史的课题,诗文也有些注解和考证;小说方面呢,却直到近代才有人注意这些课题,于是也有了种种考证。但是过去一般读者只注意诗文的注解,不大留心那些课题,对于小说更其如此。他们集中在本文的吟诵或浏览上。这些人吟诵诗文是为了欣赏,甚至于只为了消遣,浏览或阅读小说更只是为了消遣,他们要求的是趣味,是快感。这跟诵读经典不一样。诵读经典是为了知识,为了教训,得认真,严肃,正襟危坐地读,不像读诗文和小说可以马马虎虎的,随随便便的,在床上,在火车轮船上都成。这么着可还能够教人"百读不厌",那些诗文和小说到底是靠了什么呢?

在笔者看来,诗文主要是靠了声调,小说主要是靠了情节。过去一般读者大概都会吟诵,他们吟诵诗文,从那吟诵的声调或吟诵的音乐得到趣味或快感,意义的关系很少;只要懂得字面儿,全篇的意义弄不清楚也不要紧的。梁启超先生说过李义山的一些诗,虽然不懂得究竟是什么意思,可是读起来还是很有趣味(大意)。这种趣味大概一部分在那些字面儿的影像上,一部分就在那七言律诗的音乐上。字面儿的影像引起人们奇丽的感觉;这种影像所表示的往往是珍奇,华丽的景物,平常人不容易接触到的,所谓"七宝楼台"之类。民间文艺里常常见到的"牙床"等等,也正是这种作用。民间流行的小调以音乐为主,而不注重词句,欣赏也偏重在音乐上,跟吟诵诗文也正相同。感觉的享受似乎是直接的,本能的,即使是字面儿的影像所引起的感觉,也还多少有这种情形,至于小调和吟诵,更显然直接诉诸听觉,难怪容易唤起普遍的趣味和快感。至于意义的欣赏,得靠综合诸感觉的想象力,这个得有长期的教养才成。然而就像教养很深的梁启超先生,有时也还让感觉领着走,足见感觉的力量之大。

小说的"百读不厌",主要的是靠了故事或情节。人们在儿童时代就爱听故事,尤其爱奇怪的故事。成人也还是爱故事,不过那情节得复杂些。这些故事大概总是神仙、武侠、才子、佳人,经过种种悲欢离合,而以大团圆终场。悲欢离合总得不同寻常,那大团圆才足奇。小说本来起于民间,起于农民和小市民之间。在封建社会里,农民和小市民是受着重重压迫的,他们没有多少自由,却有做白日梦的自由。他们寄托他们的希望于超现实的神仙,神仙化的武侠,以及望之若神的上层社会的才子佳人;他们希望有朝一日自己会变成了这样的人物。这自然是不能实现的奇迹,可是能够给他们安慰、趣味和快感。他们要大团圆,正因为他们一辈子是难得大团圆的,奇情也正是常情啊。他们同情故事中的人物,"设身处地"的"替古人担忧",这也因为事奇人奇的原故。过去的小说似乎始终没有完全移交到士大夫的手里。士大夫读小说,只是看闲书,就是作小说,也只是游戏文章,总而言之,消遣而已。他们得化装为小市民来欣赏,来写作;在他们看来,小说奇于事实,只是一种玩意儿,所以不能认真、严肃,只是消遣而已。

封建社会渐渐垮了,"五四"时代出现了个人,出现了自我,同时成立了新文学。新文学提高了文学的地位;文学也给人知识,也教给人怎样做人,不是做别人的,而是做自己的人。可是这时候写作新文学和阅读新文学的,只是那变了质的下降的士和那变了质的上升的农民和小市民混合成的知识阶级,别的人是不愿来或不能来参加的。而新文学跟过去的诗文和小说不同之处,就在它是认真的负着使命。早期的反封建也罢,后来的反帝国主义也罢,写实的也罢,浪漫的和感伤的也罢,文学作品总是一本正经地在表现着并且批评着生活。这么着文学扬弃了消遣的气氛,回到了严肃——古代贵族的文学如《诗经》,倒本来是严肃的。这负着严肃的使命的文学,自然不再注重"传奇",不再注重趣味和快感,读起来也得正襟危坐,跟读经典差不多,不能再那么马马虎虎,随随便便的。但是究竟是形象化的,诉诸情感的,跟经典以冰冷的抽象的理智的教训为主不同,又是现代的白话,没有那些语言的和历史的问题,所以还能够吸引许多读者自动去读。不过教人"百读不厌"甚至教人想去重读一遍的作品,的确是很少的。

新诗或白话诗,和白话文,都脱离了那多多少少带着人工的、音乐的声调,而用着接近说话的声调。喜欢古诗、律诗和骈文、古文的失望了,他们尤其反对这不能吟诵的白话新诗;因为诗出于歌,一直不曾跟音乐完全分家,他们是不愿扬弃这个传统的。然而诗终于转到意义中心的阶段了。古代的音乐是一种说话,所谓"乐语",后来的音乐独立发展,变成"好听"为主了。现在的诗既负上自觉的使命,它得说出人人心中所欲言而不能言的,自然就不注重音乐而注重意义了。——一方面音乐大概也在渐渐注重意义。回到说话罢?——字面儿的影像还是用得着,不过一般地看起来,影像本身,不论是鲜明的,朦胧的,可以独立地诉诸感觉的,是不够吸引人了;影像如果必须得用,就要配合全诗的各部分完成那中心的意义,说出那要说的话。在这动乱时代,人们着急要说话,因为要说的话实在太多。小说也不注重故事或情节了,它的使命比诗更见分明。它可以不靠描写,只靠对话,说出所要说的。这里面神仙、武侠、才子、佳人,都不大出现了,偶然出现,也得打扮成平常人;是的,这时代的小说的人物,主要的是些平常人了,这是平民世纪啊。至于文,长篇议论文发展了工具性,让人们更如意地也更精密地说出他们的话,但是这已经成为诉诸理性的了。诉诸情感的是那发展在后的小品散文，就是那标榜"生活的艺术"，抒写"身边琐事"的。这倒是回到趣味中心，企图着教人"百读不厌"的，确乎也风行过一时。然而时代太紧张了，不容许人们那么悠闲；大家嫌小品文近乎所谓"软性"，丢下了它去找那"硬性"的东西。

　　文艺作品的读者变了质了，作品本身也变了质了，意义和使命压下了趣味，认识和行动压下了快感。这也许就是所谓"硬"的解释。"硬性"的作品得一本正经的读，自然就不容易让人"爱不释手"、"百读不厌"。于是"百读不厌"就不成其为评价的标准了，至少不成其为主要的标准了。但是文艺是欣赏的对象，它究竟是形象化的，诉诸情感的，怎么"硬"也不能"硬"到和论文或公式一样。诗虽然不必再讲那带几分机械性的声调，却不能不讲节奏，说话不也有轻重高低快慢吗？节奏合式，才能集中，才能够高度集中。文也有文的节奏，配合着意义使意义集中。小说是不注重故事或情节了，但也总得有些契机来表现生活和批评它；这些契机得费心思去选择和配合，才能够将那要说的话，要传达的意义，完整地说出来，传达出来。集中了的完整了的意义，才见出情感，才让人乐意接受，"欣赏"就是"乐意接受"的意思。能够这样让人欣赏的作品是好的，是否"百读不厌"，可以不论。在这种情形之下，笔者同意：《李有才板话》即使没有人想重读一遍，也不减少它的价值，它的好。

但是在我们的现代文艺里，让人"百读不厌"的作品也有的。例如鲁迅先生的《阿Q正传》，茅盾先生的《幻灭》、《动摇》、《追求》三部曲，笔者都读过不止一回，想来读过不止一回的人该不少罢。在笔者本人，大概是《阿Q正传》里的幽默和三部曲里的几个女性吸引住了我。这几个作品的好已经定论，它们的意义和使命大家也都熟悉，这里说的只是它们让笔者"百读不厌"的因素。《阿Q正传》主要的作用不在幽默，那三部曲的主要作用也不在铸造几个女性，但是这些却可能产生让人"百读不厌"的趣味。这种趣味虽然不是必要的，却也可以增加作品的力量。不过这里的幽默绝不是油滑的，无聊的，也绝不是为幽默而幽默，而女性也绝不就是色情，这个界限是得弄清楚的。抗战期中，文艺作品尤其是小说的读众大大地增加了。增加的多半是小市民的读者，他们要求消遣，要求趣味和快感。扩大了的读众，有着这样的要求也是很自然的。长篇小说的流行就是这个要求的反应,因为篇幅长,故事就长,情节就多,趣味也就丰富了。这可以促进长篇小说的发展,倒是很好的。可是有些作者却因为这样的要求,忘记了自己的边界,放纵到色情上,以及粗劣的笑料上,去吸引读众,这只是迎合低级趣味。而读者贪读这一类低级的软性的作品,也只是沉溺,说不上"百读不厌"。"百读不厌"究竟是个赞词或评语,虽然以趣味为主,总要是纯正的趣味才说得上的。

《唐诗三百首》指导大概[*]

有些人在生病的时候或烦恼的时候，拿过一本诗来翻读，偶尔也朗吟几首，便会觉得心上平静些，轻松些。这是一种消遣，但跟玩骨牌或纸牌等等不同，那些大概只是碰碰运气。跟读笔记一类书也不同，那些书可以给人新的知识和趣味，但不直接调平情感。读小说在这些时候大概只注意在故事上，直接调平情感的效用也不如诗。诗是抒情的，直接诉诸情感，又是节奏的，同时直接诉诸感觉，又是最经济的，语短而意长。具备这些条件，读了心上容易平静轻松，也是当然。自来说，诗可以陶冶性情，这句话不错。

但是诗绝不只是一种消遣，正如笔记一类书和小说等不是的一样。诗调平情感，也就是节制情感。诗

---

[*] 选自作者与叶圣陶合著的《略读指导举隅》。

里的喜怒哀乐跟实生活里的喜怒哀乐不同。这是经过"再团再炼再调和"的。诗人正在喜怒哀乐的时候，绝想不到作诗。必得等到他的情感平静了，他才会吟味那平静了的情感想到作诗；于是乎运思造句，作成他的诗，这才可以供欣赏。要不然，大笑狂号只教人心紧，有什么可欣赏的呢？读诗所欣赏的便是诗里所表现的那些平静了的情感。假如是好诗，说的即使怎样可气可哀，我们还是不厌百回读的。在实生活里便不然，可气可哀的事我们大概不愿重提。这似乎是有私、无私或有我无我的分别，诗里无我，实生活里有我。别的文学类型也都有这种情形，不过诗里更容易见出。读诗的人直接吟味那无我的情感，欣赏它的发而中节，自己也得到平静，而且也会渐渐知道节制自己的情感。一方面因为诗里的情感是无我的，欣赏起来得设身处地，替人着想。这也可以影响到性情上去。节制自己和替人着想这两种影响都可以说是人在模仿诗。诗可以陶冶性情，便是这个意思。所谓温柔敦厚的诗教，也只该是这个意思。

部定初中国文课程标准"目标"里有"养成欣赏文艺之兴趣"一项，略读教材里有"有注释之诗歌选本"一项。高中国文课程标准"目标"里又有"培养学生欣赏中国文学名著之能力"一项，关于略读教材也有"选读整部或选本之名著"的话。欣赏文艺，欣赏中国文学名著，都不能忽略读诗。读诗家专集不如读诗歌选本。读选本虽只能"尝鼎一脔"，却能将各家各派鸟瞰一番；这在中学生是最适宜的，也最需要的。有特殊的选本，有一般的选本。按着特殊的作派选的是前者，按着一般的品味选的是后者。中学生不用说该读后者。《唐诗三百首》正是一般的选本。这部诗选很著名，流行最广，从前是家弦户诵的书，现在也还是相当普遍的书。但这部选本并不成为古典；它跟《古文观止》一样，只是当时的童蒙书，等于现在的小学用书。不过在现在的教育制度下，这部书给高中学生读才合式。无论它从前的地位如何，现在它却是高中学生最合式的一部诗歌选本。唐代是诗的时代，许多大诗家都在这时代出现，各种诗体也都在这时代发展。这部书选在清代中叶，入选的差不多都是经过一千多年淘汰的名作，差不多都是历代公认的好诗。虽然以明白易解为主，并限定诗篇的数目，规模不免狭窄些，却因此成为道地的一般的选本，高中学生读这部书，靠着注释的帮忙，可以吟味欣赏，收到陶冶性情的益处。

本书是清乾隆间一位别号"蘅塘退士"的人编选的。卷头有《题辞》，末尾记着"时乾隆癸未年春日，蘅塘退士题"。乾隆癸未是公元一七六三年，到现在快一百八十年了。有一种刻本"题"字下押了一方印章，是"孙洙"两字，也许是选者的姓名。孙洙的事迹，因为眼前书少，还不能考出、印证。这件事只好暂时存疑。《题辞》说明编选的旨趣，很简短，抄在这里：

> 世俗儿童就学，即授《千家诗》，取其易于成诵，故流传不废。但其诗随手掇拾，工拙莫辨。且止七言律绝二体，而唐宋人又杂出其间，殊乖体制。因专就唐诗中脍炙人口之作择其尤要者，每体得数十首，共三百余首，录成一编，为家塾课本。俾童而习之，白首亦莫能废。较《千家诗》不远胜耶？谚云，"熟读唐诗三百首，不会吟诗也会吟"，请以是编验之。

这里可见本书是断代的选本，所选的只是"唐诗中脍炙人口之作"，就是唐诗中的名作。而又只是"择其尤要者"，所以只有三百余首，实数是三百一十首。

所谓"尤要者"大概着眼在陶冶性情上。至于以明白易解的为主,是"家塾课本"的当然,无须特别提及。本书是分体编的,所以说"每体得数十首"。引谚语一方面说明为什么只选三百余首。但编者显然同时在模仿"三百篇",《诗经》三百零五篇,连那有目无诗的六篇算上,共三百一十一篇;本书三百一十首,绝不是偶然巧合。编者是怕人笑他僭妄,所以不将这番意思说出。引谚语另一方面叫人熟读,学会吟诗。我们现在也劝高中生熟读,熟读才真是吟味,才能欣赏到精微处。但现在却无须再学旧体诗了。

本书流传既广,版本极多。原书有注释和评点,该是出于编者之手。注释只注事,颇简当,但不释义。读诗首先得了解诗句的文义;不能了解文义,欣赏根本说不上。书中各诗虽然比较明白易懂,又有一些注,但在初学还不免困难。书中的评,在诗的行旁,多半指点作法,说明作意,偶尔也品评工拙。点只有句圈和连圈,没有读点和密点——密点和连圈都表示好句和关键句,并用的时候,圈的比点的更重要或更好。评点大约起于南宋,向来认为有伤雅道,因为妨碍读者欣赏的自由,而且免不了成见或偏见。但是谨慎的评点对于初学也未尝没有用处。这种评点可以帮助初学了解诗中各句的意旨并培养他们欣赏的能力。本书的评点似乎就有这样的效用。

但是最需要的还是详细的注释。道光间,浙江省建德县(?)人章燮鉴于这个需要,便给本书作注,成《唐诗三百首注疏》一书。他的自跋作于道光甲午,就是公元一八三四年,离蘅塘退士题词的那年是七十一年。这注本也是"为家塾子弟起见",很详细。有诗人小传,有事注,有意疏,并明作法,引评语;其中李白诗用王琦《李太白集注》,杜甫诗用仇兆鳌《杜诗详注》。原书的旁注也留着,但连圈没有——原刻本并句圈也没有。书中还增补了一些诗,却没有增选诗家。以注书的体例而论,这部书可以说是驳杂不纯,而且不免繁琐疏漏附会等毛病。书中有"子墨客卿"(名翰,姓不详)的校正语十来条,都确切可信。但在初学,这却是一部有益的书。这部书我只见过两种刻本。一种是原刻本。另一种是坊刻本,四川常见。这种刻本有句圈,书眉增录各家评语,并附道光丁酉(公元一八三七)印行的江苏金坛于庆元的《续选唐诗三百首》。读《唐诗三百首》用这个本子最好。此外还有商务印书馆铅印本《唐诗三百首》,根据蘅塘退士的原本而未印评语。又,世界书局石印《新体广注唐诗三百首读本》，每诗后有"注释"和"作法"两项。"注释"注事比原书详细些；兼释字义，却间有误处。"作法"兼说明作意，还得要领。卷首有"学诗浅说"，大致简明可看。书中只绝句有连圈，别体只有句圈；绝句连圈处也跟原书不同，似乎是抄印时随手加上，不足凭信。

本书编配各体诗，计五言古诗三十三首，乐府七首，七言古诗二十八首，乐府十四首，五言律诗八十首，七言律诗五十首，乐府一首，五言绝句二十九首，乐府八首，七言绝句五十一首，乐府九首，共三百一十首。五言古诗和乐府，七言古诗和乐府，两项总数差不多。五言律诗的数目超过七言律诗和乐府很多；七言绝句和乐府却又超出五言绝句和乐府很多。这不是编者的偏好，是反映着唐代各体诗发展的情形。五言律诗和七言绝句作的多，可选的也就多。这层下文还要讨论。五、七、古、律、绝的分别都在形式，乐府是题材和作风不同。乐府也等下文再论，先说五七古律绝的形式。这些又大别为两类：古体诗和近体诗。五七言古诗属于前者，五七言律绝属于后者。所谓形式，包括字数和声调（即节奏），律诗再加对偶一项。五言古诗全篇五言句，七言古诗或全篇七言句，或在七言句当中夹着一些长短句。如李白《庐山谣》开端道：

> 我本楚狂人，狂歌笑孔丘。
> 手持绿玉杖，朝别黄鹤楼。
> 五岳寻山不辞远，一生好入名山游。

又如他的《宣州谢朓楼饯别校书叔云》开端道：

> 弃我去者昨日之日不可留，乱我心者今日之日多烦忧。
> 长风万里送秋雁，对此可以酣高楼。

这些都是七言古诗。五七古全篇没有一定的句数。古近体诗都得用韵，通常两句一韵，押在双句末字；有时也可以一句一韵，开端时便多如此。上面引的第一例里"丘""楼""游"是韵，两句间见；第二例里"留"和"忧"是逐句韵，"忧"和"楼"是隔句韵。古体诗的声调比较近乎语言之自然，七言更其如此，只以读来顺口听来顺耳为标准。但顺口顺耳跟着训练的不同而有等差，并不是一致的。

近体诗的声调却有一定的规律；五七言绝句还可以用古体诗的声调，律诗老得跟着规律走。规律的基础在字调的平仄，字调就是平上去入四声，上去入都是仄声。五七言律诗基本的平仄式之一如次：

五律

仄仄平平仄　平平仄仄平
平平平仄仄　仄仄仄平平
仄仄平平仄　平平仄仄平
平平平仄仄　仄仄仄平平

七律

平平仄仄仄平平　仄仄平平仄仄平
仄仄平平平仄仄　平平仄仄仄平平
平平仄仄平平仄　仄仄平平仄仄平
仄仄平平平仄仄　平平仄仄仄平平

即使不懂平仄的人也能看出律诗是两组重复、均齐的节奏所构成，每组里又自有对称、重复、变化的地方。节奏本是异中有同，同中有异，律诗的平仄式也不外这个理。即使不懂平仄的人只默诵或朗吟这两个平仄式，也会觉得顺口顺耳；但这种顺口顺耳是音乐性的，跟古体诗不同，正和语言跟音乐不同一样。律诗既有平仄式，就只能有八句，五律是四十字，七律是五十六字——排律不限句数，但本书里没有。绝句的平仄式照律诗减半——七绝照七律的前四句——，就是只有一组的节奏。这里所举的平仄式只是最基本的，其中有种种重复的变化。懂得平仄的自然渐渐便会明白。不懂平仄的，只要多读，熟读，多朗吟，也能欣赏那些声调变化的好处，恰像听戏多的人不懂板眼也能分别唱的好坏，不过不大精确就是了。四声中国人人语言中有，但要辨别某字是某声，却得受过训练才成。从前的训练是对对子跟读四声表，都在幼小的时候。现在高中学生不能辨别四声也就是不懂平仄的，大概有十之八九。他们若愿意懂，不妨试读四声表。这只消从《康熙字典》卷首附载的《等韵切音指南》里选些容易读的四声如"巴把霸捌"、"庚梗更格"之类，得闲就练习，也许不难一旦豁然贯通。（中华书局出版的《学诗入门》里有一个四声表，似乎还容易读出，也可用。）律诗还有一项规律，就是中四句得两两对偶，这层也在下文论。

初学人读诗，往往给典故难住。他们一回两回不懂，便望而生畏，因畏而懒；这会断了他们到诗去的路。所以需要注释。但典故多半只是历史的比喻和神仙的比喻；用典故跟用比喻往往是一个理，并无深奥可畏之处。不过比喻多取材于眼前的事物，容易了解些罢了。广义的比喻连典故在内，是诗的主要的生命素；诗的含蓄，诗的多义，诗的暗示力，主要的建筑在广义的比喻上。那些取材于经验和常识的比喻——一般所谓比喻只指这些——可以称为事物的比喻，跟历史的比喻，神仙的比喻是鼎足而三。这些比喻（广义，后同）都有三个成分：一、喻依，二、喻体，三、意旨。喻依是作比喻的材料，喻体是被比喻的材料，意旨是比喻的用意所在。先从事物的比喻说起。如"天边树若荠"（五古，孟浩然，《秋登兰山寄张五》），荠是喻依，天边树是喻体，登山望远树，只如荠菜一般，只见树的小和山的高，是意旨。意旨却没有说出。又，"今朝此为别，何处还相遇？世事波上舟，沿洄安得住！"（五古，韦应物，《初发扬子寄元大校书》）世事是喻体，沿洄不住的波上舟是喻依，惜别难留是意旨——也没有明白说出。又，"吴姬压酒劝客尝"（七古，李白，《金陵酒肆留别》），当垆是喻体，压酒是喻依，压酒的"压"和所谓"压装"

的"压"用法一样,压酒是使酒的分量加重,更值得"尽觞"(原诗,"欲行不行各尽觞")。吴姬当垆,助客酒兴是意旨。这里只说出喻依。又,"辞严义密读难晓,字体不类隶与蝌。年深岂免有缺画?快剑斫断生蛟鼍。鸾翔凤翥众仙下,珊瑚碧树交枝柯,金绳铁索锁纽壮,古鼎跃水龙腾梭"(七古,韩愈,《石鼓歌》)。"快剑"以下五句都是描写石鼓的字体的。这又分两层。第一,专描写残缺的字。缺画是喻体,"快剑"句是喻依,缺画依然劲挺有生气是意旨。第二,描写字体的一般。字体便是喻体,"鸾翔"以下四句是五个喻依——"古鼎跃水"跟"龙腾梭"各是一个喻依。意旨依次是隽逸,典丽,坚壮,挺拔——末两个喻依只一个意旨——都指字体而言,却都未说出。又,"大弦嘈嘈如急雨,小弦切切如私语;嘈嘈切切错杂弹,大珠小珠落玉盘。间关莺语花底滑,幽咽泉流冰下难"(原作"水下滩",依段玉裁说改——七古,白居易,《琵琶行》)。这几句都描写琵琶的声音。大弦嘈嘈跟小弦切切各是喻体,急雨跟私语各是喻依,意旨一个是高而急,一个是低而急。"嘈嘈"句又是喻体,"大珠"句是喻依,圆润是意旨。"间关"二句各是一个喻依,喻体是琵琶的声音;

前者的意旨是明滑,后者是幽涩。头两句的意旨未说出,这一层喻体跟意旨都未说出,事物的比喻虽然取材于经验和常识,却得新鲜,才能增强情感的力量;这需要创造的功夫。新鲜还得入情入理,才能让读者消化;这需要雅正的品味。

有时全诗是一套事物的比喻,或者一套事物的比喻渗透在全诗里。前者如朱庆余《近试上张水部》:

> 洞房昨夜停红烛,待晓堂前拜舅姑。
> 妆罢低声问夫婿,"画眉深浅入时无?"
>
> (七绝)

唐代士子应试,先将所作的诗文呈给在朝的知名人看。若得他赞许宣扬,登科便不难。宋人诗话里说,"庆余遇水部郎中张籍,因索庆余新旧篇什,寄之怀袖而推赞之,遂登科"。这首诗大概就是呈献诗文时作的。全诗是新嫁娘的话,她在拜舅姑以前问夫婿,画眉深浅合适否?这是喻依。喻体是近试献诗文给人,朱庆余是在应试以前问张籍,所作诗文合式否?新嫁娘问画眉深浅,为的请夫婿指点,好让舅姑看得入眼。朱庆余问诗文合适与否?为的请张籍指点,好让考官看得入眼。这是全诗的主旨。又，骆宾王《在狱咏蝉》：

> 西陆蝉声唱，南冠客思深。
> 不堪玄鬓影，来对白头吟。
> 露重飞难进，风多响易沉。
> 无人信高洁，谁为表予心！（五律）

这是闻蝉声而感身世。蝉的头是黑的，是喻体，玄鬓影是喻依，意旨是少年时不堪回首。"露重"一联是蝉，是喻依，喻体是自己，身微言轻是意旨。诗有长序，序尾道："庶情沿物应，哀弱羽之飘零，道寄人知，悯余声之寂寞。"正指出这层意旨。"高洁"是蝉，也是人，是自己；这个词是双关的，多义的。又，杜甫《古柏行》（七古）咏夔州武侯庙和成都武侯祠的古柏，作意从"君臣已与时际会，树木犹为人爱惜"二语见出。篇末道：

> 大厦如倾要梁栋，万牛回首丘山重。
> 不露文章世已惊，未辞剪伐谁能送？
> 苦心岂免容蝼蚁？香叶终经宿鸾凤。

> 志士幽人莫怨嗟，古来材大难为用。

大厦倾和梁栋虽已成为典故，但原是事物的比喻。两者都是喻依。前者的喻体是国家乱；大厦倾会压死人，国家乱人民受难，这是意旨。后者的喻体是大臣，梁栋支柱大厦，大臣支持国家，这是意旨。古柏是栋梁材，虽然"不露文章世已惊"，也乐意供世用，但是太重了，太大了，谁能送去供用呢？无从供用，渐渐心空了，蚂蚁爬进去了；但是"香叶终经宿鸾凤"，它的身份还是高的。这是喻依。喻体是怀才不遇的志士幽人。志士幽人本有用世之心，但是才太大了，无人真知灼见，推荐入朝。于是贫贱衰老，为世人所揶揄，但是他们的身份还是高的。这是材大难为用，是意旨。

典故只是故事的意思。这所谓故事包罗的却很广大。经史子集等等可以说都是的；不过诗文里引用，总以常见的和易知的为主。典故有一部分原是事物的比喻，有一部分是事迹，另一部分是成辞。上文说典故是历史的比喻和神仙的比喻，是专从诗文的一般读者着眼，他们觉得诗文里引用史事和神话或神仙故事的地方最困难。这两类比喻都应该包括着那三部分。

如前节所引《古柏行》里的"大厦如倾要梁栋","大厦之倾,非一木所支",见《文中子》,"栝柏豫章虽小,已有栋梁之器",是袁粲叹美王俭的话,见《晋书》。大厦倾和梁栋都是历史的比喻,同时可还是事物的比喻。又,"乾坤日夜浮"(五律,杜甫,《登岳阳楼》)是用《水经注》。《水经注》道:"洞庭湖广五百里,日月若出没其中。"乾坤是喻体,日夜浮是喻依。天地中间好像只有此湖;湖盖地,天盖湖,天地好像只是日夜漂浮在湖里。洞庭湖的广大是意旨。又,"古调虽自爱,今人多不弹"(五绝,刘长卿,《弹琴》),用魏文侯听古乐就要睡觉的话,见《礼记》。两句是喻依,世人不好古是喻体,自己不合时宜是意旨。这三例不必知道出处便能明白;但知道出处,句便多义,诗味更厚些。

引用事迹和成辞不然,得知道出处,才能了解正确。如"圣代无隐者,英灵尽来归。遂令东山客,不得顾采薇"(五古,王维,《送綦毋潜落第还乡》)。谢安曾隐居会稽东山。东山客是喻依,喻体是綦毋潜,意旨是大才隐处。采薇是伯夷、叔齐的故事,他们义不食周粟,隐于首阳山,采薇而食。采薇是喻依,隐居是喻体,自甘淡泊是意旨。又,"客心洗流水"（五律，李白，《听蜀僧濬弹琴》），流水用俞伯牙、钟子期的故事，俞伯牙弹琴，志在流水。钟子期就听出了，道："洋洋乎，若江河！"诗句是倒装，原是说流水洗客心。流水是喻依，喻体是蜀僧濬的琴曲，意旨是曲调高妙。洗流水又是双关的，多义的。洗是喻依，净是喻体，高妙的琴曲涤净客心的俗虑是意旨。洗流水又是喻依，喻体是客心；听琴而客心清净，像流水洗过一般，是意旨。又，钱起《送僧归日本》（五律）道："……浮天沧海远，去世法舟轻。……惟怜一灯影，万里眼中明。"一灯影用《维摩经》。经里道："有法门，名无尽灯。譬如一灯燃百千灯，冥者皆明，明终不尽。夫一菩萨开导千百众生，令发阿耨多罗三藐三菩提心（译言'无上正等正觉心'），其于道意亦不灭尽。是名无尽灯。"这儿一灯是喻依，喻体是觉者；一灯燃千百灯，一觉者造成千百觉者，道意不灭是意旨。但在诗句里，一灯影却指舟中禅灯的光影，是喻依，喻体是那日本僧，意旨是他回国传法，辗转无尽。——"惟怜"是"最爱"的意思。又，"后来鞍马何逡巡，当轩下马入锦茵。杨花雪落覆白苹，青鸟飞去衔红巾。炙手可热势绝伦，慎莫近前丞相嗔！"（七古，乐府，杜甫，《丽人行》)全诗咏三月三日长安水边游乐的情形,以杨国忠兄妹为主。诗中上文说到虢国夫人和秦国夫人,这几句说到杨国忠——他那时是丞相。"杨花"二语正是暮春水边的景物。但是全诗里只在这儿插入两句景语,奇特的安排暗示别有用意。北魏胡太后私通杨华作《杨白花歌辞》,有"杨花飘荡落南家","愿衔杨花入窠里"等语。白苹,旧说是杨花入水所化。杨国忠也和虢国夫人私通。"杨花"句一方面是个喻依,喻体便是这件事实。杨国忠兄妹相通,都是杨家人,所以用杨花覆白苹为喻,暗示讥刺的意旨。青鸟是西王母传书带信的侍者。当时总该有些侍婢是给那兄妹二人居间。"青鸟"句一方面也是喻依,喻体便是这些居间的侍婢,意旨还是讥刺杨国忠不知耻。青鸟是神仙的比喻。这两句隐约其辞,虽志在讥刺,而言之者无罪。又杜甫《登楼》(七律):

花近高楼伤客心,万方多难此登临。
锦江春色来天地,玉垒浮云变古今。
北极朝廷终不改,西山寇盗莫相侵。
可怜后主还祠庙,日暮聊为《梁甫吟》。

旧注说本诗是代宗广德二年在成都作。元年冬,吐蕃陷京师,郭子仪收复京师,请代宗反正。所以有"北极"二句。本篇组织用赋体,以四方为骨干。锦江在东,玉垒山在西,"北极"二句是北眺所思。当时后主附祀先主庙中,先主庙在成都城南。"可怜"二句正是南瞻所感(罗庸先生说,见《国文月刊》九期)。可怜后主还有祠庙,受祭享;他信任宦官,终于亡国,孤负了诸葛亮出山一番。《三国志》里说"亮躬耕陇亩,好为《梁父吟》",《梁父吟》的原辞不传(流传的《梁父吟》决不是诸葛亮的《梁父吟》),大概慨叹小人当道。这二语一方面又是喻依,喻体是代宗和郭子仪;代宗也信任宦官,杜甫希望他"亲贤臣,远小人"(诸葛亮《出师表》中语),这是意旨。"日暮"句又是一喻依,喻体是杜甫自己;想用世是意旨。又,"今朝郡斋冷,忽念山中客。涧底束荆薪,归来煮白石"(五古,韦应物,《寄全椒山中道士》),煮白石用鲍靓事。《晋书》:"靓学兼内外,明天文河洛书。尝入海,遇风,饥甚,取白石煮食之。"煮白石是喻依,喻体是那山中道士,他的清苦生涯是意旨。这也是神仙的比喻。又,"总为浮云能蔽日,长安不见使人愁"(七律,李白,《登金陵凤凰台》),两句一贯,思君的意思似甚明白。但乐府《古杨柳行》道,"谗邪害公正,浮云冷白日",古诗也道,"浮云蔽白日,游子不顾反",本诗显然在引用成辞。陆贾《新语》说:"邪官之蔽贤,犹浮云之障日月。"本诗的"浮云能蔽日"一方面也是喻依,喻体大概是杨国忠等遮塞贤路。意旨是邪臣蔽君误国;所以有"长安"句。历史的比喻和神仙的比喻引用故事,得增减变化,才能新鲜入目。宋人所谓"以旧为新",便是这意思。所引各例可见。

典故渗透全诗的,如孟浩然《临洞庭上张丞相》(五律):

> 八月湖水平,涵虚混太清。
> 气蒸云梦泽,波撼岳阳城。
> 欲济无舟楫,端居耻圣明。
> 坐观垂钓者,徒有羡鱼情。

张丞相是张九龄,那时在荆州。前四语描写洞庭湖,三四是名句。后四语蝉联而下,还是就湖说,只"端居"句露出本意,这一语便是《论语》"邦有道,贫且贱焉,耻也"的意思。"欲济"句一方面说想渡湖上荆州去，却没有船，一方面是一喻依。伪《古文尚书·说命》殷高宗命傅说道，若济巨川，"用汝作舟楫"。本诗用这喻依，喻体却是欲用世而无引进的人，意旨是希望张丞相援手。"坐观"二语是一喻依。《汉书》用古人言，"临渊羡鱼，不如退而结网"。本诗里网变为钓。这一联的喻体是羡人出仕而得行道。自己无钓具，只好羡人家钓得的鱼，自己不得仕，只好羡人家行道。意旨同上。

全诗用典故最多的，本书中推杜甫《寄韩谏议注》一首（七古）：

今我不乐思岳阳，身欲奋飞病在床。
美人娟娟隔秋水，濯足洞庭望八荒。
鸿飞冥冥日月白，青枫叶赤天雨霜。
玉京群帝集北斗，或骑麒麟翳凤凰。
芙蓉旌旗烟雾落，影动倒景摇潇湘。
星宫之君醉琼浆，羽人稀少不在旁。
似闻昨者赤松子，恐是汉代韩张良。
昔随刘氏定长安，帷幄未改神惨伤。
国家成败吾岂敢，色难腥腐餐枫香。
周南留滞古所惜，南极老人应寿昌。

美人胡为隔秋水！焉得置之贡玉堂！

韩谏议的名字事迹无考。从诗里看,他是楚人,住在岳阳。肃宗平定安史之乱,收复东西京,他大约也是参与机密的一人。后来去官归隐,修道学仙。这首诗是爱惜他,思念他。第一节说思念他,是秋日,自己在病中。美人这喻依见《楚辞》,但在这儿是喻体,是韩谏议,意旨是他的才能出众。"鸿飞冥冥,弋人何篡焉!"见扬雄《法言》。这儿一方面描写秋天的实景,一方面是喻依;喻体还是韩谏议,意旨是他已逃出世网。第二节说京师贵官声势煊赫,而韩谏议不在朝。本节差不多全是神仙的比喻,各有来历。"玉京"句一喻依,喻体是集于君侧的朝廷贵官,意旨是他们承君命掌大权。"或骑"二语一套喻依——"烟雾落"就是落在烟雾中,喻体同上句,意旨是他们的骑从仪卫之盛。影是芙蓉旌旗的影。"影动"句一喻依,喻体是声势煊赫,从京师传遍天下;意旨是在潇湘的韩谏议也必闻知这种声势。星宫之君就是玉京群帝,醉琼浆的喻体是宴饮,意旨是征逐酒食。羽人是飞仙,羽人稀少就是稀少的羽人;全句一喻依,喻体是一些远引的臣僚不在这繁华场中，意旨是韩谏议没有分享到这种声势。第三节说韩谏议曾参预定乱收京大计，如今却不问国事，修道学仙。全节是神仙的比喻夹着历史的比喻。昨者是从前的意思。如今的赤松子，昨者"恐是汉代韩张良"。韩张良的跟赤松子的喻体都是韩谏议，前者的意旨是他有谋略，后者的意旨是他修道学仙。别的喻依可以准此类推下去。第四节说他闲居不出很可惜，祝他老寿，希望朝廷再起用他来匡君济世。太史公司马谈因病留滞周南，不得参与汉武帝的封禅大典，引为平生恨事。诗中"周南留滞"是喻依，喻体是韩谏议，意旨是他闲居乡里。南极老人就是寿星，是喻依，喻体同，意旨便是"应寿昌"。以上只阐明大端，细节从略。

诗和文的分别，一部分是在词句篇段的组织上，诗的组织比文的组织要经济些。引用比喻或典故，一个原因便是求得经济的组织。在旧体诗里，有字数声调对偶等制限，有时更不得不铸造一些特别经济的组织来适应。这种特殊的组织在文里往往没有，至少不常见。初学遇到这种地方也感困难，或误解，或竟不懂。这得去看看详细的注释。但读诗多了，常常比较着看，也可明白。这种特殊的组织也常利用比喻或典

故组成,那便更复杂些。如刘长卿《送李中丞归汉阳别业》(五律):

> 流落征南将,曾驱十万师。
> 罢归无旧业,老去恋明时。
> 独立三边静,轻生一剑知。
> 茫茫江汉上,日暮欲何知!

"轻生一剑知"就是一剑知轻生的意思;轻生是说李中丞作征南将时不顾性命杀敌人。一剑知就是自己知;剑是杀敌所用,是自己的一部分,部分代全体是修辞格之一。自己知又有两层用意:一是问心无愧,忠可报君,二是只有自己知,别人不知。上下文都可印证。又,"即此羡闲逸,怅然吟式微"(五古,王维,《渭川田家》),式微用《诗经》。《式微》篇道:"式微,式微,胡不归!"本诗的《式微》是篇名,指的是这篇诗。吟《式微》,只取"胡不归"那一语,用意是"何不归田呢"。又,"惟将迟暮供多病,未有涓埃答圣朝"(七律,杜甫,《野望》),"恐美人之迟暮"见《楚辞》,迟暮是老大无成的意思。"惟将"句是说自己已老大,不曾有所建树报答圣朝,加上迟暮的年光又都消磨在多病里，虽然"海内风尘"（见本诗第三句），却丝毫的力量也不能尽。"供"是喻依，杜甫自己是喻体，消磨在里面是意旨。这三例都是用辞格（也是一种比喻）或典故组成的。又如李颀《送陈章甫》（七古）末尾道，"闻道故林相识多，罢官昨日今如何？"昨日罢官，想到就要别了许多朋友归里，自然不免一番寂寞；但是"闻道故林相识多"，今日临行，想到就要会见着那些故林相识的朋友，又觉如何呢？——该不会寂寞了吧？昨今对照，用意是安慰。——昨日是日前的意思。又刘长卿《寻南溪常道士》：

> 一路经行处，莓苔见屐痕。
> 白云依静渚，芳草闭闲门。
> 过雨看松色，随山到水源。
> 溪花与禅意，相对亦忘言。

去寻常道士，他不在寓处；"随山到水源"才寻着。对着南溪边的花和常道士的禅意，却不觉忘言。相对是和"溪花与禅意"相对着。禅意给人妙悟，溪花也给人妙悟——禅家有拈花微笑的故事，那正是妙悟的故事——，所以说"与"。妙悟是忘言的。寻着了常道士，却被溪花与禅意吸引住！只顾欣赏那无言之美，不想多交谈，所以说"亦"忘言。又，韦应物《送杨氏女》（五古），是送女儿出嫁杨家，前面道："女子今有行，大江溯轻舟。尔辈苦无恃，抚念益慈柔。幼为长所育，两别泣不休。"篇尾道："归来视幼女，零泪缘缨流。"全诗不曾说杨氏女是长女，但读了这几句关系自然明白。

倒装这特殊的组织，诗里也常见。如"竹喧归浣女，莲动下渔舟"（五律，王维，《山居秋暝》），"归浣女"、"下渔舟"就是浣女归、渔舟下。又，"家书到隔年"（五律，杜牧，《旅宿》）就是家书隔年到。又，"东门酤酒饮我曹"（七古，李颀，《送陈章甫》），"饮我曹"就是我曹饮，从上下文可知。又，"名岂文章著，官应老病休"（五律，杜甫，《旅夜书怀》），就是文章岂著名，老病应休官。又，"幽映每白日"（五律，刘眘虚，《阙题》），就是白日每幽映。又，"徒劳恨费声"（五律，李商隐，《蝉》），就是费声恨徒劳。又，"竹怜新雨后，山爱夕阳时"（五律，钱起，《谷口书斋寄杨补阙》），就是怜新雨后之竹，爱夕阳时之山——怜爱同意。又，"独夜忆秦关，听钟未眠客"

（五古，韦应物，《夕次盱眙县》）就是听钟未眠客，独夜忆秦关。这些倒装句里纯然为了适应字数声调对偶等制限的却没有，它们主要的作用还在增强语气。此外如"何因不归去，淮上对秋山？"（五律，韦应物，《淮上喜会梁州故人》）这是诘问自己，"何因"直贯下句，二语合为一句。这也为了经济的缘故。——至如"少陵无人谪仙死"（七古，韩愈，《石鼓歌》），"无人"也就是"死"。这是求新，求惊人。又，"百年多是几多时"（七律，元稹，《遣悲怀》之三），是说百年虽多，究竟又有多少时候呢。这也许是当时口语的调子。又如"云中君不见"（五律，马戴，《楚江怀古》），云中君是一个词，这句诗上三字下二字，跟一般五言句上二下三的不同，但似乎只是个无意为之的例外，跟古诗里"出郭门直视"一般。可是如"永夜角声悲自语，中天月色好谁看"（七律，杜甫，《宿府》），"五更鼓角声悲壮，三峡星河影动摇"（七律，杜甫，《阁夜》），都是上五下二，跟一般七言句上四下三或上二下五的不同，又，"近寒食雨草萋萋，著麦苗风柳映堤"（七绝，无名氏，《杂诗》），每句上四字作一二一，而一般作二二或三一。这些却是有意变调求新了。

本书选诗，各方面的题材大致都有，分配又匀称，没有单调或琐屑的弊病。这也是唐代生活小小的一个缩影。可是题材的内容虽反映着时代，题材的项目却多是汉魏六朝诗里所已有。只有音乐图画似乎是新的。赋里有以音乐为题材的，但晋以来就少。唐代音乐图画特别发达，反映到诗里，便增加了题材的项目。这也是时势使然。在各种题材里，"出处"是一重大的项目。从前读书人唯一的出路是出仕，出仕为了行道，自然也为了衣食。出仕以前的隐居、干谒、应试（落第）等，出仕以后的恩遇、迁谪，乃至忧民、忧国、思林栖、思归田等，乃至真个辞官归田，都是常见的诗的题目，本书便可作例。仕君行道是儒家的思想，隐居和归田都是道家的思想。儒道两家的思想合成了从前的读书人。现在时势变了，读书人不一定出仕，林栖、归田等思想也绝无仅有。有些人读这些诗，也许会觉得不真切，青年学生读书，往往只凭自己的狭隘的兴趣，更容易有此感。但是会读诗的人，多读诗的人能够设身处地，替古人着想，依然觉得这些诗真切。这是情感的真切，不是知识的真切。这些人不但对于现在有情感，对于过去也有情感。他们知道唐人的需要，唐人的得失，和现代人不一样，可是在读唐诗的时候，只让那对于过去的情感领着走；这种无私，无我，无关心的同情教他们觉到这些诗的真切。这种无关心的情感需要慢慢调整自己，扩大自己，才能养成。多读史、多读诗，是一条修养的途径，就是那些比较有普遍性的题材，如相思、离别、慈幼、慕亲、友爱等也还是需要无关心的情感。这些题材的节目多少也跟着时代改变一些，固执"知识的真切"的人读古代的这些诗，有时也不能感到兴趣。

至于咏古之作，如唐玄宗《经鲁祭孔子而叹之》（五律），是古人敬慕古人，纪时之作，如李商隐《韩碑》（七古），是古人论当时事。虽然我们也敬慕孔子，替韩愈抱屈，但知识地看，古人总隔一层。这些题材的普遍性比前一类低减些，不过还在"出处"那项目之上。还有，朝会诗，如岑参，王维《和贾至舍人早朝大明宫之作》（七律），见出一番堂皇富丽的气象；又，宫词，往往见出一番怨情，宛转可怜。可是这些题材现代生活里简直没有。最别扭的是边塞和从军之作，唐人很喜欢作这类诗，而悯苦寒讥黩武的居多数，跟现代人冒险尚武的精神恰恰相反。但荒寒的边塞自是一种新境界，从军苦在当时也是一种真情的流露；若能节取，未尝没有是处。要能欣赏这几类诗，那得靠无关心的情感。此外，唐人酬应的诗很多，本书里也可见。有些人觉得作诗该等候感兴，酬应的诗不会真切。但伫兴而作的人向来大概不多；据现在所知，只有孟浩然是如此。作诗都在情感平静了的时候，运思造句都得用到理智；伫兴而作是无所为，酬应而作是有所为，在功力深厚的人其实无多差别。酬应的诗若能恰如分际，也就见得真切。况是这种诗里也不短至情至性之作。总之，读诗得除去成见和偏见，放大眼光，设身处地看去。

明代高棅编选《唐诗品汇》，将唐诗分为四期。后来虽有种种批评，这分期法却渐被一般沿用。初唐是高祖武德元年（公元六一八）至玄宗开元初（公元七一三），约一百年。盛唐是玄宗开元元年至代宗大历初（公元七六六），五十多年。中唐是代宗大历元年至文宗太和九年（公元八三五），七十年。晚唐是文宗开成元年（公元八三六）至昭宗天祐三年（公元九〇六），八十年。初唐诗还是齐梁的影响，题材多半是艳情和风云月露，讲究声调和对偶。到了沈佺期、宋之问手里，便成立了律诗的体制。这是唐代诗坛一件大事，影响后世最大。当时有个陈子昂，独主张复古，扩大诗的境界。但他死得早，成就不多，盛唐诗李白努力复古，杜甫努力开新。所谓复古，只是体味汉魏的作风和借用乐府诗的题目，并非模拟词句。所以陈子昂、李白都能独创一家，而李白的成就更大。他的成就主要的在七言乐府；绝句也独步一时。杜甫却各体诗都是创作，全然不落古人窠臼。他以时事入诗，议论入诗，使诗散文化，使诗扩大境界；一方面研究律诗的变化，用来表达各种新题材。他的影响的久远，似乎没有一个诗人比得上。这时期作七古体的最多，为的这一体比较自由，又刚在开始发展。而王维、孟浩然专用五律写山水，也能变古成家。中唐诗韦应物、柳宗元的五古以复古的作风创作，各自成家。古文家韩愈继承杜甫，更使诗向散文化的路上走。宋诗受他的影响极大。他的门下作诗，有词句冷涩的，有题材诡僻的；本书里只选了贾岛一首。另一面有些人描写一般的社会生活；这原是乐府精神，却也是杜甫开的风气。元稹、白居易主张诗该写社会生活而有规讽的作意，才是正宗。但他们的成就却不在此而在情景深切，明白如话。他们不避俗，跟韩愈一派恰相对照；可也出于杜甫。晚唐诗刻画景物，雕琢词句，题材又回到风云月露和艳情上，只加了一些雅事。诗境重趋狭窄，但精致过于前人。这时期精力集中在近体诗。精致的只是词句，全篇组织往往配合不上。李商隐、温庭筠虽咏艳情，却有大处奇处，不跼蹐在绮靡的圈子里；而李商隐学杜学韩境界更广阔些。学杜韩而兼受温李熏染的是杜牧，豪放之余，不失深秀。本书选诗七十七家，初唐不到十家，盛中晚三期各二十多家。入选的诗较多的八家。盛唐四家：杜甫三十六首，王维二十九首，李白二十九首，孟浩然十五首。中唐二家：韦应物十二首，刘长卿十一首。晚唐二家：李商隐二十四首，杜牧十首。

李白诗，书中选五古三首，乐府三首，七古四首，乐府五首，五律五首，七律一首，五绝二首，乐府一首，七绝二首，乐府三首。各体都备，七古和乐府共九首，最多，五七绝和乐府共八首，居次。李白，字太白，蜀人，玄宗时作供奉翰林，触犯了杨贵妃，不能得志。他是个放浪不羁的人，便辞了职，游山水，喝酒，作诗。他的态度是出世的；作诗全任自然。当时称他为"天上谪仙人"，这说明了他的人和他的诗。他的乐府很多，取材很广；他其实是在抒写自己的生活，只借用乐府的旧题目而已。他的七古和乐府篇幅恢张，气势充沛，增进了七古体的价值。他的绝句也奠定了一种新体制。绝句最需要经济的写出，李白所作，自然含蓄，情韵不尽。书中所收《下江陵》一首，有人推为唐代七绝第一。杜甫诗，计五古五首，七古五首，乐府四首，五七律各十首①，五七绝各一首。只少五言乐府，别体都有。律诗共二十首，最多；七古和乐府共九首，居次。杜甫，字子美，河南巩县人。安禄山陷长安，肃宗在灵武即位。他从长安逃到灵武，作了左拾遗的官。后因事被放，辗转流落到成都，依故人严武，作到"检校工部员外郎"，世称杜工部。他在蜀住的很久。他是儒家的信徒，一辈子惦着仕君行道；又身经乱离，亲见民间疾苦。他的诗努力描写当时的情形，发抒自己的感想。唐代用诗取士，诗原是应试的玩意儿；诗又是供给乐工歌伎唱来伺候宫廷和贵人的玩意儿。李白用来抒写自己的生活，杜甫用来抒写那个大时代，诗的意境扩大了，地位也增高了。而杜甫抓住了广大的实在的人生，更给诗开辟了新世界。他的诗可以说是写实的；

---

① 《唐诗三百首》的通行本，所收杜甫七律为13首，即《咏怀古迹》5首，蘅塘退士只选2首，通行本增补3首。——编者注

这写实的态度是从乐府来的。他使诗历史化，散文化，正是乐府的影响。七古体到他手里正式成立，律诗到他手里应用自如——他的五律极多，差不多穷尽了这一体的变化。

王维诗，计五古五首，七言乐府三首，五律九首，七律四首，五绝五首，七绝和乐府三首，五律最多。王维，字摩诘，太原人，试进士，第一，官至尚书右丞。世称王右丞。他会草书隶书，会画画。有别墅在辋川，常和裴迪去游览作诗。沈宋的五律还多写艳情，王维改写山水，选词造句都得自出心裁。从前虽也有山水诗，但体制不同，无从因袭。苏轼说他"诗中有画"。他是苦吟的，宋人笔记里说他曾因苦吟走入醋缸里；他的《渭城曲》（乐府），有人也推为唐代七绝压卷之作。他的诗是精致的。孟浩然诗，计五古三首，七古一首，五律九首，五绝二首，也是五律最多。孟浩然，名浩，以字行，襄州襄阳人，隐居鹿门山，四十岁才游京师。张九龄在荆州，召为僚属。他用五律写江湖，却不苦吟，伫兴而作。他专工五言，五言各体都擅长。山水诗不但描写自然，还欣赏自然；王维的描写比孟浩然多些。

韦应物诗，五古七首，五律二首，七律一首，五七绝各一首，五古多。韦应物，京兆长安人，作滁州刺史，改江州，入京作左司郎中，又出作苏州刺史。世称韦左司或韦苏州。他为人少食寡欲，常焚香扫地而坐。诗淡远如其人。五古学古诗，学陶诗，指事述情，明白易见——有理语也有理趣，正是陶渊明所长。这些是淡处。篇幅多短，句子浑含不刻画，是远处。朱子说他的诗篇无一字造作，气象近道。他在苏州所作《郡斋雨中与诸文士燕集》诗开端道："兵卫森画戟，宴寝凝清香；海上风雨至，逍遥池阁凉。"诗话推为一代绝唱，也只是为那肃穆清华的气象。篇中又道，"自渐居处崇，未睹斯民康"，《寄李儋元锡》（七律）也道，"邑有流亡愧俸钱"，这是忧民；识得为政之体，才能有些忠君爱民之言。刘长卿诗，计五律五首，七律三首，五绝三首，五律最多。刘长卿，字文房，河间人，登进士第，官终随州刺史。世称刘随州。他也是苦吟的人，律诗组织最为精密整练；五律更胜，当时推为"五言长城"。上文曾举过两首作例，可见出他的用心处。

李商隐诗，计七古一首，五律五首，七律十首，五绝一首，七绝七首，七律最多，七绝居次。李商隐，字义山，河内人，登进士第。王茂元镇河阳，召他掌书记,并使他作女婿。王茂元是李德裕同党;李德裕和令狐楚是政敌。李商隐和令狐本有交谊,这一来却得罪了他家。后来令狐楚的儿子令狐绹作了宰相,李商隐屡次写信表明心迹,他只是不理。这是李商隐一生的失意事,诗中常常涉及,不过多半隐约其辞。后来柳仲郢镇东蜀,他去作过节度判官。他博学强记,又有隐衷,诗里的典故特别多。他的七律里有好些《无题》诗,一方面像是相思不相见的艳情诗,另一方面又像是比喻,咏叹他和令狐绹的事,寄托那"不遇"的意旨。还有那篇《锦瑟》,虽有题,解者也纷纷不一。那或许是悼亡诗,或许也是比喻。又有些咏史诗,如《隋宫》,或许不只是咏古,还有刺时的意旨。他的诗语既然是一贯的隐约,读起来便只能凭文义、典故和他的事迹作一些可能的概括的解释。他的七绝里也有这种咏史或游仙诗,如《隋宫》、《瑶池》等。这些都是奇情壮采之作—— 一方面七律的组织也有了进步——,所以入选的多。他的七绝最著名的是《寄令狐郎中》一首。杜牧诗,五律一首,七绝九首,几乎是专选一体。杜牧,字牧之,登进士第。牛僧孺镇扬州,他在节度府掌书记,又做过司勋员外郎。世称杜司勋,又称小杜——杜甫称老杜。他很有政治的眼光，但朝中无人，终于是个失意者。他的七绝感慨深切，情辞新秀。《泊秦淮》一首也曾被推为压卷之作。

唐以前的诗，可以说大多数是五古，极少是七古；但那些时候并没有体制的分类。那些时候诗的分类，大概只从内容方面看；最显著的一组类别是五言诗和乐府诗。五言诗虽也从乐府转变而出，但从阮籍开始，已经高度的文人化，成为独立的抒情写景的体制。乐府原是民歌，叙述民间故事，描写各社会的生活，有时也说教，东汉以来文人仿作乐府的很多，大都沿用旧题旧调，也是五言的体制。汉末旧调渐亡，文人仿作，便只沿用旧题目；但到后来诗中的话也不尽合于旧题目。这些时候有了七言乐府，不过少极；汉魏六朝间著名的只有曹丕的《燕歌行》，鲍照的《行路难》十八首等。乐府多朴素的铺排，跟五言诗的浑含不露有别。五言诗经过汉魏六朝的演变，作风也分化。阮籍是一期，陶渊明、谢灵运是一期，"宫体"又是一期。阮籍抒情，"志在刺讥而文多隐避"（颜延年、沈约等注《咏怀诗》语），最是浑含不露。陶谢抒情、写景、说理，渐趋详切，题材是田园山水。宫体起于梁简文帝时，以艳情为主，渐讲声调对偶。

　　初唐五古还是宫体余风，陈子昂、张九龄、李白主张复古，虽标榜"建安"（汉献帝年号，建安体的代表是曹植），实是学阮籍。本书张九龄《感遇》二首便是例子。但盛唐五古，张九龄以外，连李白所作（《古风》除外）在内，可以说都是陶谢的流派。中唐韦应物、柳宗元也如此。陶谢的详切本受乐府的影响。乐府的影响到唐代最为显著。杜甫的五古便多从乐府变化。他第一个变了五古的调子，也是创了五古的新调子。新调子的特色是散文化。但本书所选他的五古还不是新调子，读他的长篇才易见出。这种新调子后来渐渐代替了旧调子。本书里似乎只有元结《贼退示官吏》一首是新调子；可是散文化太过，不是成功之作。至于唐人七古，却全然从乐府变出。这又有两派。一派学鲍照，以慷慨为主；一派学晋《白纻（舞名）歌辞》（四首，见《乐府诗集》）等，以绮艳为主。李白便是著名学鲍照的；盛唐人似乎已经多是这一派。七言句长，本不像五言句的易加整练，散文化更方便些。《行路难》里已有散文句。李白诗里又多些，如，"我欲因之梦吴越"（《梦游天姥吟留别》），又如上文举过的"弃我去者"二语。七古体夹长短句原也是散文化的一个方向。初唐陈子昂《登幽州台歌》全首道："前不见古人，后不见来者。念天地之悠悠，独怆然而涕下。"简直没有七言句，却也可以算入七古里。到了杜甫，更有意的以文为诗，但多七言到底，少用长短句。后来人作七古，多半跟着他走。他不作旧题目的乐府而作了许多叙述时事，描写社会生活的诗。这正是乐府的本来面目。本书据《乐府诗集》采他的《哀江头》、《哀王孙》等都放在七言乐府里，便是这个理。从他以后，用乐府旧题作诗的就渐渐地稀少了。另一方面，元稹、白居易创出一种七古新调，全篇都用平仄调协的律句，但押韵随时转换，平仄相间，各句安排也不像七律有一定的规矩。这叫长庆体。长庆是穆宗的年号，也是元白的集名。本书白居易的《长恨歌》、《琵琶行》都是的。古体诗的声调本来比较近乎语言之自然，长庆体全用律句，反失自然，只是一种变调。但却便于歌唱。《长恨歌》可以唱，见于记载，可不知道是否全唱。五七古里律句多的本可歌唱，不过似乎只唱四句，跟唱五七绝一样。古体诗虽不像近体诗的整练，但组织的经济也最着重。这也是它跟散文的一个主要的分别。前举韦应物《送杨氏女》便是一例。又如李白《宣州谢朓楼饯别校书叔云》里道,"蓬莱文章建安骨,中间小谢又清发",一方面说谢朓(小谢),一方面是比喻。且不说喻旨,只就文义看,"蓬莱"句又有两层比喻,全句的意旨是后汉文章首推建安诗。"中间"句说建安以后"大雅久不作"(见李白《古风》第一首),小谢清发,才重振遗绪;"中间""又"三个字包括多少朝代,多少诗家,多少诗,多少议论!组织有时也变换些新方式,但得出于自然。如李白《梦游天姥吟留别》(七古)用梦游和梦醒作纲领,韩愈《八月十五夜赠张功曹》用唱歌跟和歌作纲领,将两篇歌辞穿插在里头。

律诗出于齐梁以来的五言诗和乐府。何逊、阴铿、徐陵、庾信等的五言都已讲究声调和对偶。庾信的《乌夜啼》乐府简直像七律一般;不过到了沈宋才成定体罢了。律首声调,前已论及。对偶在中间四句,就是第一组节奏的后两句,第二组节奏的前两句,也是异中有同,同中有异。这样,前四句由散趋整,后四句由整复归于散,增前两组节奏的往复回还的效用。这两组对偶又得自有变化,如一联写景,一联写情,一联写见,一联写闻之类,才不至板滞,才能和上下打成一片。所谓情景或见闻,只是从浅处举例，其实这中间变化很多，很复杂。五律如"地犹鄹氏邑，宅即鲁王宫。叹凤嗟身否，伤麟怨道穷"（唐玄宗，《经鲁祭孔子而叹之》）。四句虽两两平列，可是前一联上句范围大，下句范围小，后一联上句说平时，下句说将死，便见流走。又，"为我一挥手，如听万壑松。客心洗流水，余响入霜钟"（李白，《听蜀僧濬弹琴》）。前联一弹一听，后联一在弹，一已止，各是一串儿。又，"遥怜小儿女，未解忆长安；香雾云鬟湿，清辉玉臂寒"（杜甫，《月夜》）。"遥怜"直贯四句。小儿女"未解忆长安"固然可怜，"香雾"云云的人（杜甫妻）解得忆长安，也许更可怜些。前联只是一句话，后联平列；两相调剂着。律诗多在四句分段，但也不尽然，从这一首可见。又，前面引过的刘长卿《寻南溪常道士》次联"白云依静渚，芳草闭闲门"，似乎平列，用意却侧重寻常道士不遇，侧重在下句。三联"过雨看松色，随山到水源"，上句景物，下句动作，虽然平列而不是一类。再说"过雨"，暗示忽然遇雨，雨住后松色才更苍翠好看；这就兼着叙事，跟单纯写景又不同。

七律如"云边雁断胡天月，陇上羊归塞草烟。回日楼台非甲帐，去时冠剑是丁年"（温庭筠，《苏武庙》)。前联平列，但不是单纯的写景句；这中间引用着《汉书·苏武传》，上句意旨是和汉朝音信断绝（雁足传书事），下句意旨是无归期（匈奴使苏武牧牡羊，说牡羊有乳才许归汉）。后联说去汉时还是冠剑的壮年，回汉时武帝已死；"丁年奉使"见李陵《答苏武书》，甲帐是头等帐，是武帝作来敬神的，见《汉武故事》。这一联是倒装，为的更见出那"不堪回首"的用意。又，"玉玺不缘归日角，锦帆应是到天涯。于今腐草无萤火，终古垂杨有暮鸦"（李商隐，《隋宫》)。日角是额骨隆起如日，是帝王之相，这儿是根据《旧唐书》，用来指太宗。锦帆指隋炀帝的游船，见《开河记》。这一联说若不因为太宗得了天下，炀帝还该游得远呢。上句是因，下句是果。放萤火，种垂杨，都是炀帝的事。后联平列，上句说不放萤火，下句说垂杨栖鸦，一有一无，却见出"而今安在"一个用意。又，李商隐《筹笔驿》中二联道："徒令上将挥神笔，终见降王走传车。管乐有才真不忝，关张无命欲何如！"筹笔驿在绵州绵谷县，诸葛武侯曾在那里驻军筹划。上将指武侯，降王指后主；管乐是管仲、乐毅，武侯早年曾自比这二人。前联也是倒装，因为"终见"，才觉"徒令"。但因"筹笔"

想到"降王",即景生情,虽倒装还是自然。后联也将"有""无"对照,见出本诗末句"恨有余"的用意。七律对偶用倒装句,因果句,到晚唐才有。七言句长,整练较难,整练而能变化如意更难。唐代律诗刚创始,五言比较容易些,发展得自然快些。作五律的大概多些,好诗也多些,本书五律多,便是这个缘故。律诗也有不对偶或对偶不全的,如李白《夜泊牛渚怀古》(五律),又如崔颢《黄鹤楼》(七律)的次联,这些只算例外。又有不调平仄的,如《黄鹤楼》和王维《终南别业》(五律),也是例外。——也有故意这样作的,后来称为拗体,但究竟是变调。本书不选排律。七言排律本来少,五言的却多,也推杜甫为大家。排律将律诗的节奏重复多次,便觉单调,教人不乐意读下去。但本书不选,恐怕是为了典故多。晚唐律诗着重一句一联,忽略全篇的组织,因此后人评论律诗,多爱摘句,好像律诗篇幅完整的很少似的。其实不然,这只是偏好罢了。

绝句不是截取律诗的四句而成。绝句的源头在六朝乐府里。六朝五言四句的乐府很多,《子夜歌》最著名。这些大都是艳情之作,诗中用谐声辞格很多。谐声辞格如"蟢子"谐"喜"声,"藁砧"就是

"铁"(铡刀)谐"夫"声。本书选了权德舆《玉台体》一首，就是这种诗。也许因为诗体太短，用这种辞格来增加它的内容，这也是多义的一式。但唐代五绝已经不用谐声辞格，因为不大方，范围也窄。唐代五绝有调平仄的，有不调平仄而押仄声韵的；后者声调上也可以说是古体诗，但题材和作风不同。所以容许这种声调不谐的五绝，大约也是因为诗体太短，变化少；多一些自由，可以让作者多一些回旋的地步。但就是这样，作的还是不多。七言四句的诗，唐以前没有，似乎是唐人的创作。这大概是为了当时流行的西域乐调而作；先有调，后有诗。五七绝都能歌唱，七绝歌唱的更多——该是因为声调曼长，好听些。作七绝的比作五绝的多得多，本书选得也多。唐人绝句有两种作风：一是铺排，一是含蓄。前者如柳宗元《江雪》：

千山鸟飞绝，万径人踪灭。
孤舟蓑笠翁，独钓寒江雪。

又，韦应物《滁州西涧》：

> 独怜幽草涧边生，上有黄鹂深树鸣。
> 春潮带雨晚来急，野渡无人舟自横。

柳诗铺排了三个印象，见出"江雪"的幽静，韦诗铺排了四个印象，见出西涧的幽静；但柳诗有"千山""万径""绝""灭"等词，显得那幽静更大些。所谓铺排，是平排（或略参差，如所举例）几个同性质的印象，让它们集合起来，暗示一个境界。这是让印象自己说明，也是经济的组织，但得选择那些精的印象。后者是说要从浅中见深，小中见大；这两者有时是一回事。含蓄的绝句，似乎是正宗，如杜牧《秋夕》：

> 银烛秋光冷画屏，轻罗小扇扑流萤。
> 天街夜色凉如水，卧看牵牛织女星。

是说宫人秋夕的幽怨，可作浅中见深的一例，又刘禹锡《乌衣巷》：

> 朱雀桥边野草花，乌衣巷口夕阳斜。
> 旧时王谢堂前燕，飞入寻常百姓家。

乌衣巷是晋代王导、谢安住过的地方,唐代早为民居。诗中只用野花、夕阳、燕子,对照今昔,便见出盛衰不常一番道理。这是小中见大,也是浅中见深。又,王之涣《登鹳雀楼》:

白日依山尽,黄河入海流。
欲穷千里目,更上一层楼。

鹳雀楼在平阳府蒲州城上。白日依山,黄河入海,一层楼的境界已穷,若要看得更远,更清楚,得上高处去。三四句上一层楼,穷千里目,是小中见大;但另一方面,这两句可能是个比喻,喻体是人生,意旨是若求远大得向高处去。这又是浅中见深了。但这一首比较前二首明快些。

论七绝的称含蓄为"风调"。风飘摇而有远情,调悠扬而有远韵,总之是余味深长。这也配合着七绝的曼长的声调而言,五绝字少节促,便无所谓风调。风调也有变化,最显著的是强弱的差别,就是口气否定、肯定的差别。明清两代论诗家推举唐人七绝压卷之作共十一首,见于本书的八首。就是:王维《渭城曲》(乐府),王昌龄《长信怨》或《出塞》(皆乐府），王翰《凉州词》，李白《下江陵》，王之涣《出塞》（乐府，一作《凉州词》），李益《夜上受降城闻笛》，杜牧《泊秦淮》。这中间四首是乐府，乐府的措辞总要比较明快些。其余四首虽非乐府，也是明快一类。只看八首诗的末二语便可知道。现在依次抄出：

> 劝君更进一杯酒，西出阳关无故人。
> 玉颜不及寒鸦色，犹带昭阳日影来。
> 但使龙城飞将在，不教胡马度阴山。
> 醉卧沙场君莫笑，古来征战几人回？
> 两岸猿声啼不住，轻舟已过万重山。
> 羌笛何须怨杨柳？春风不度玉门关。
> 不知何处吹芦管，一夜征人尽望乡。
> 商女不知亡国恨，隔江犹唱后庭花。

这些都用否定语作骨子，所以都比较明快些。这些诗也有所含蓄，可是强调。七绝原来专为唱歌而作，含蓄中略求明快，听者才容易懂，适应需要，本当如此。弱调的发展该是晚点儿。——不见于本书的三首，一首也是强调，二首是弱调。十一首中共有九首强调，可算是大多数。

当时为人传唱的绝句见于本书的，五言有王维的《相思》，七言有他的《渭城曲》，王昌龄的《芙蓉楼送辛渐》和《长信怨》，王之涣的《出塞》。《相思》道：

红豆生南国，春来发几枝？
愿君多采撷！此物最相思。

《芙蓉楼送辛渐》道：

寒雨连江夜入吴，平明送客楚山孤。
洛阳亲友如相问，一片冰心在玉壶。

除《长信怨》外，四首都是对称的口气，——王之涣"羌笛"句是说"你何须吹羌笛的《折柳词》来怨久别？"——那不见于本书的高适的"开箧泪沾臆，见君前日书"一首也是的（这本是一首五古的开端四语，歌者截取，作为绝句）。歌词用对称的口气，唱时好像在对听者说话，显得亲切。绝句用对称口气的特别多；有时用问句，作用也一般。这些原都是乐府的老调儿，绝句只是推广应用罢了。——风调转而为才调，奇情壮采依托在艳情故事上，是李商隐的七绝。这些诗虽增加了新类型，却非七绝的本色。他又有《雨夜寄北》一绝：

> 君问归期未有期，巴山夜雨涨秋池。
> 何当共剪西窗烛，却话巴山夜雨时！

这也是对称的口气。设想归后向那人谈此时此地的情形，见出此时此地思归和想念的心境，回环含蓄，却又亲切明快。这种重复的组织极精练可喜。但绝句以自然为主。像本诗的组织，精练不失自然，是可遇而不可求的。

朱宝莹先生有《诗式》（中华版），专释唐人近体诗的作法作意，颇切实，邵祖平先生有《唐诗通论》（《学衡》十二期）颇详明，都可参看。

文病类例(词汇)*

在中学和大学里连续担任了多年的国文作文课程,养成了自己对于语言文字的特殊兴趣——也许是一种咬文嚼字的癖。从二十二年起,并摘抄学生作文;大部分是句子,也有些成段的,也有些是全篇或各段的大意。句和段是原文,各段大意却是我参照原文编的。这里大都是些文病。我觉得现在一般青年朋友对于作文——特别是文字的技术方面——犯了一个共同的错儿,就是那"不好不要紧"的态度。任何爱好的青年朋友,只要肯想一想,就知道这个态度是要不得的。我现在将历年所抄的材料整理出来,分类选例,加以说明。希望我们的青年朋友看了这些,也许多少可以改变那要不得的态度。若是更能够让他们参

---

* 选自1940年《国文月刊》第1卷第1期及第4期。

考了这些，举一反三，在文字技术上得到一点进步，那却是望外了。所有的例子都是从大学一年级学生的作文里摘出来的；这里只选白话文的例子，我觉得现在的青年朋友只要能写通白话文就够用了。

词　　汇

一般学生的通病是词汇太窄狭，在那窄狭的词汇里，又有许多词的意义不曾弄明白，写作起来，自然教人看不顺眼。国文教学不重记忆不重练习的流弊，在这里最容易见出。

一・一・一　（我）降生民国初年。

一・一・二　晨曦，千余学生从住在不同的地方像潮涌一般向昆明大西门外的云南省立农业学校来受课。

一・一・三　淅历（沥）的折纸的各种声音响了。

这里只讨论词汇，别的毛病，——假如有的话——暂且不谈。我们说"孔子降生"、"耶稣降生","降"有"(从)天(而)降"的意思,孔子、耶稣都是伟大人物,所以说是"从天而降",所以用得上"降生"这个词。但"降生"并不限于伟大人物,对于稍有身份的人,也可以用;那却只是客气的字眼,没有特别崇敬的意味。说到自己,显然不能用;说到自己,只能说"我生在民国初年","我出生在民国初年",或"我诞生在民国初年"。"出生"是个新词,但现在已经用得很熟了。"曦"是日色,是个名词。"晨曦"不成语,必得加"初上"一类短语才成;但那是文言,这儿不如说"早晨太阳刚出来的时候"。作者似乎是将"曦"字用成动词,似乎是将"晨曦"当作陶渊明《归去来辞》里的"晨光熹微"了。"淅沥"是形容小雨声和霰声的。作者许是不清楚这个词的意义,以为只是形容细碎的声音的;也许找不到适当的形容词,便将就着用它。其实"窸窣"两个字是可以用的。以上三例,概括地看,都可以说是不明词义的病。

一·一·四　私塾中也有按时放假的习俗。

一·一·五　牺牲了自己,损失了国家。

一·一·六　大西门外的老乞丐,在紧缩苦叫。

一·一·七　借着买东西来涣散一下迟木的心情。

一·一·八　我也要洒别我的教师和同学们。

"习俗"该是"习惯","损失"该是"损害","紧缩苦叫"该是"蜷缩着苦叫"。这是混用意义相近而不同的词;但"蜷缩"这个词,一·一·六的作者的词汇里也许压根儿就没有。"涣散"大约是"换散",写别了,也用错了;该是"变换"或"舒散"两个词之一。但作者未必知道"舒散"这个词。这是混用声同义异或字同义异的词。"洒别"是"洒泪告别"一语的缩短,这儿也许只是"告别"的意思。"握手作别"可以缩短成"握别","洒别"却不成语;若再用这"洒别"作"告别",那是将普通情形和特殊情形混为一谈,自然不妥而又不妥了。这些可以说是混淆词义的病。

一·一·九　哭是情感的表现,在未表现之

一〇九 前是情感，既表现之后就是哭。

一一〇 迫得我脑袋产生了一种恼人的东西。

一一一 现在天气已经是很和暖了，可是居然还会落这样大的雪，所以大家心里都有各不相同的心理。

"情感"的表现不必就是哭，"情感"太泛，该是"悲感"。"恼人的东西"不明白，大约是"烦恼"、"恼恨"一类的意思。这句式根本不成，只消说"不由得我不烦恼（或恼恨）"就好。"各不相同的"也不明白，大约只是"惊疑"的意思。这句式也不成，只消说"大家心里都有些奇怪"就好。这些可以说是词义笼统的病。

一一二 提起你麻木的脚步。

一一三 忿怒的脚，将它踏得稀烂。

一一四 沿街罗列小贩的叫喊声。

一一五 我们知道一个身体不健全的

	人，极易受流行时疫的感冒。
一·一·一六	平常听见我说话，是很少见的。
一·一·一七	我虽然是工学院，但是是一年级。

"脚"可以是"麻木的"，但"脚步"不能；也许该说"滞重的脚步"。"脚"却不能是"忿怒的"；一·一·一三也许只能说"忿怒的用脚将它踏得稀烂"。"小贩"可以"罗列"，"叫喊声"不能；一·一·一四可以换上"充满"两个字，或在"沿街罗列"下加"的"字。一·一·一二和一·一·一四是将形容有形物的词移用到无形物上；一·一·一三是将形容有意志的人的词移用到他的无意志的脚上。"感冒"是自己"感冒"风寒，不是风寒"感冒"自己，"受感冒"不成语。这是将主动的词移用到被动语气里。但一·一·一五即使改成主动语气，"感冒"还是用不上；该说"感染"或"传染"才成。可是改成这两个词，句子的语气倒又没关系了。一·一·一六，说"平常很少见我说话"或"平常听见我说话，是很少的"，都成；就是不能说"少见"、"听见我说话"。这

是将表示视觉的词移用到听觉上。一·一·一七，"一年级"是学生的集体名词，可以用来指个体；"工学院"只是普通名词，不能用来指个体的学生。这儿得加上"学生"两个字。但在说话里，"工学院"一类普通名词有时确可用作集体名词，指称个体的人。言义不能一致，这是一例。若是对话的记录，这句子是成立的。但当作白话文，这便是将普通名词移用为集体名词。这和上面各例都可以说是迁移词义的病。

一·一·一八　墨水的沉淀和铜锈早已经笼罩了笔尖上的外国文。

一·一·一九　深深的寒意笼罩了整个的宇宙。

一·一·一八"笼罩"其实只是"遮没"、"掩没"；说"笼罩"便有点儿夸张似的。一·一·一九"宇宙"也是大而无当，其实只消"整个的城市"好了。这些可以说是词义浮夸的病。

一·一·二〇　我们自备汽车的速度由缓而停了。

一・一・二一　他把两手托在桌上。

"由缓而停"还是直接叙述汽车的好;"的速度"三个字可以省去。说速度"缓",口头常有,不过用的是"慢"字;说"停",却不大听见。速度可"大"可"小",可"加"可"减",可"有"可"没有";说它"缓"和"停"却都嫌不确切。它是抽象的观念,没有活动,无所谓"停"。"快"、"慢"(缓)虽然用得上去,但不如"大"、"小"确切。再有,说速度"缓",字面上也不免矛盾;固然有些译名都免不了这种矛盾,如一个人的"健康"可以"好",又可以"不好"之类,但能够避总是避掉的好。一・一・二一"托"字不够清楚,可以说"他把两肘靠在桌上",或改变句式说,"他托着两手,靠在桌上"。这些可以说是词义含糊的病。

一・一・二二　始终合不下眼。

这该是"合不上眼"。我们总说"合上",如"合上书",不说"合下"。"上"、"下"这类词有它们的用例。如"关上门"、"搁下"、"丢下他一个人"、"放不下心","上"、"下"都不能互易。这不是没有理由的。"合上眼"是将上眼皮合在下眼皮上;"合上书"是将这一半儿合在那一半儿上;"关上门"是在门上加上些东西——如门闩等。"搁下"、"丢下"、"放下"的"下",都表示将事物安排在不消注意或不必注意的地方。忽略了这种习惯用法,可以说是不明词例的病。

一・一・二三　我应把它(笔)训练成一条不阿谀,不保守,不危难,而据(具)有百折不挠视死如归的一条战士。

一・一・二四　每一条友谊全是平平匀匀的。

一・一・二五　在一个风的怒号之下。

一・一・二六　黄莺儿有一张歌喉宛转的嘴。

"一条战士"从"一条好汉"变出,原也可用,但现在说"一个战士"、"一位战士",觉得更郑重些;"一条好汉"虽然含着多少尊敬,可也夹带着一份轻蔑——"好汉"像脱不了跑马卖解一类流浪人的味儿。"友谊"却不能论"条"数，这不是具体的事物。一·一·二四，也许可以说"各方面的友谊全是平平淡淡"。一·一·二五，"风"不能论"个"，"怒号"也不能用，这都是不能数的。说"一阵"就成了。一·一·二六，"一张嘴"不错，但"一张"紧接着"歌喉宛转的"，有些人会将"一张歌喉"连读；不但截断文义，"歌喉"也只说"一副"、"一串"，不说"一张"的。改为"歌声"，便不致误会了。这些可以说是滥用量词的病。

以上都是从词义着眼。

一·二·一　几个月的积闷愁绪。
一·二·二　英(国)兵身壮体伟。
一·二·三　杂乱沉重的雨点。
一·二·四　一个精邃多疑的青年。
一·二·五　一颗玲珂(珑)无瑕的珠子。

这五例里，都将两个同类的词或短语连用，中间不加连词。这是文言的影响，也是成语的影响。文言中四个字的成语确是很多，如"匣剑帷灯"、"天经地义"、

"灯红酒绿"、"纸醉金迷"、"缠绵悱恻"、"悲壮苍凉"、"荒唐谬悠"等等。白话里也有这些个,如"头晕眼花"、"手忙脚乱"、"大呼小叫"、"乌烟瘴气"、"一五一十"、"气急败坏"等等。这里所引的成语都由两个短语或词联合而成,这些短语或词大都是同类的。这个暗示着一种普遍的语言格式,学生们造句,受着这种语式的影响,也是自然的。

但这种语式上下两部分往往是对偶的,或者利用双声叠韵的字音(如"缠绵"、"荒唐"、"谬悠"、"败坏"),才能够使四字连成一语。不然,两部分间便得加上连词"与"字或"而"字。一·二·一的"愁绪",若改为"闲愁",和"积闷"对偶,便可联为一气,不像现在跛脚的样子;虽然文言的气味重些。若还留着"愁绪",就得加连词;有人也许借用文言的"与"字,但是加上"和"、"同"、"跟"等词,更是白话些。"和"是北平话,是国语,用的最多。"跟"似乎是所谓官话区域的词,"同"似乎原是吴语区域的词;可是现在都通用。这几个连词,大概用在名词短语的中间。

一·二·二若说是文言的句子也成,不过这一句是写在白话文里。"身壮体伟"虽然也是对偶,和

"灯红酒绿"的构造差不多,可是"身"、"体"两个词用得不合式。古文里"身"这个词多半指"自己",有时候指具体的"躯干";我们所谓"身体"。似乎是应用的文言,古文只说"体"或"体气"。固然,"体"有时也指身体的部分,如"四体"、"五体";但不指躯干,只指部分。"身壮体伟"这一语,若是仿应用的文言作白话文句,可以说"身躯壮伟";若是干脆用白话,只消说,"英国兵个儿大",就成。可是,如果一定要创造新语,将"身体"一词分开,作成"身壮"、"体伟"两个意义相似的短语,那也未尝不可容许;但这两个短语之间,得加上连词"而"字。加上"而"字,那联合的短语就见得是新联合起来的;不至于自己矛盾,像成语又不像成语。

一·二·三"杂乱"、"沉重"也可以说是对偶,但是既然和白话的助词"的"字联起,变成一个形容性短语"杂乱沉重的",似乎不宜再套文言的格式。这儿"杂乱"下得加上"而"字,也可以加"的"字。一·二·四"精邃"大约是"精细",和"多疑"并不对偶;中间更得加"而"字或"的"字。一·二·五"玲珑无瑕",似乎套用"洁白无瑕"那成语的格式。但在那成语中,"无瑕"似乎是表示"洁白"

的程度；上下两部分贯串成一语。"玲珑"和"无瑕"却是两回事，跟一·二·四同例，也得加"而"字或"的"字。

"而"字用在形容性的短语和句子样式的短语（如"身壮"、"体伟"）之间，跟"和"字的效用不一样。"和"表示"并列"的关系；"而"表示"增加"的关系，有"又"的意思。"而"字还表示"转折"的关系，有"却"的意思，像一·二·四"精细而多疑的"便是。有些人表示这三种关系，都用"和"一个词；"和"字的任务太多，倒教人弄不清楚。"而"字虽是文言，我们口头上早就不时地用它；现在有意地取来作白话连词，在势也是很顺的。一·二·三"杂乱"下，一·二·四"精细"下若加上"的"字，语味又是不同。在每一句里，都是一个联合的形容性短语变成了两个独立的却叠用的形容词。这两个形容词之间的关系，只暗示在词义里。这样，分别指明两种属性，形式上虽然更清楚些，可是那"关系"往往容易被忽略过去。在这两例里，关系似乎比属性还要重点儿，我想还是加上"而"字强些。以上三例，概括地看，可以说是省略连词的病。

一·二·六　可是现在他(凤蠹街)变成了一条，繁华，操(嘈)杂，学生，文化交流的地方。

一·二·七　我们都应当想到一般平民的食品饮料和他们的安眠处都是怎样的情形。

一·二·八　还受到一般社会人士们的批评认为这富有爱国精神而无畏的学生运动简直是胡闹。

一·二·九　我们现在所需要的是个清洁与滋养丰富的食堂。

一·二·一〇　中年人则是保守的，镇定的，妥协的，强于理智的，自私的。

一·二·六 "繁华"、"嘈杂"是形容词，"学生"、"文化"是名词；一是具体的，一是抽象的。从词义和词性上看，这些并列在一起，真是不伦不类；这些又怎样能够"交流"呢？这句话也许可以说："可是现在它变成了一条繁华而嘈杂的学生街和文化街"。一·二·七，只消说"一般平民的食品，饮料，和住屋"

就好。按作者原意,并列的三项是平等的;第三项特别加上"他们的"一词,虽然只是来点儿花样,可是会教人误认作者有所侧重,倒不如整齐的好。一·二·八全句别扭。"富有爱国精神"和"无畏"都是句子样式的形容语,长短却相差很多。照我们诵读的节奏,长的放在短的后面顺口些。"无畏"其实只是"勇敢"的意思;我们可以说"这勇敢而富有爱国精神的学生运动"。但这里重在属性,怕还该叠用"的"字;不该说"勇敢而",却该说"勇敢的"。一·二·九"与"字不如"而"字。但食品可以"滋养丰富","食堂"不能。"我们所需要的是一个清洁而能供给滋养料的食堂"。一·二·一〇并列的各项属性,不免有点儿杂乱。删去"镇定的",将"强于理智的"排在最后,条理也许清楚些。那样,"保守的"到"自私的"便是递升的并列式;"强于理智的"虽还不免畸零,但比同列的别的词和短语都长,让它独自挂脚,也可勉强过去。综括以上五例,可以说是词序不整的病。

以上都是从词的并列着眼。

一·三·一　我同世(人名)舍了这里,踱

上一条小径。

一·三·二　过一会妹妹要吃糖,我斥道,"这是给爹预备的"。

一·三·三　读书最宜于春日,盖春日的天气,不冷不热,比较平日要长些。

一·三·四　至于我们开膳的办法。

一·三·五　菜不够吃,而且饭亦时告中断。

一·三·六　我在下午温习功课告一段落的时候,乘兴兀自到翠湖公园闲逛。

一·三·七　哈哈!不要闲磕牙了。

一·三·一"舍",一·三·二"斥",一·三·三"盖",都是文言里的词,现在白话文没有这么用的。看上去文绉绉,酸溜溜,和上下文不能打成一片,有些碍眼。"舍了"换成"离开","斥"换成"喝","盖"换成"因为",就行了。一·三·五"时告中断",也是文言的短语,情形相同;可以说,"饭也有时太少",或"饭也有时来不及"。一·三·四"开膳",是白话"开饭"和文言"膳食"的混合短语,显得不自然,不如直说"开饭"痛快得多。一·三·六"兀自",一·三·七"闲磕牙",都是元曲里的方言。"兀自"似乎是"还是"、"老是"的意思。一·三·六的作者却当作"独自";不如便说"独自"好了。"闲磕牙"似乎是"闲撩"("撩"又写作"聊")的意思。一·三·七的作者却当作"瞎说";不如就用"瞎说"好了。这种古白话,即使用得意思不错,也不合式,和掺用文言词语一样情形。这些是夹杂古语的病。

一·三·八　又以国家衰弱,及自己无力抵御欺(外)侮,空(平)白生出许多奇异幻想。

一·三·九　这以中年人说,他们是无进取的勇气。

一·三·一〇　以我们这平凡的眼光看来,并没有什么特别的地方。

一·三·一一　给我们以美感。

一·三·一二　北平有许多值得人们回忆的特点,而以风给予人的印象最深。

一·三·一三 一个在以强力侵略为能事的帝国主义的压制下的弱国。

一·三·一四 青年人的处世接物是忠实的，坦白的，中年人的处世接物则以圆滑为原则。

"以"和"则"都是文言的连词，白话文用的却非常多，好像就没有别的相当的词语，非用这两个词不可的样子。其实也不尽然。这里一·三·八的"以"字，可改说"因为"，一·三·九可以说"就"，一·三·一〇可以说"拿"或"照"，一·三·一一和一·三·一二都可以删掉"以"字。一·三·一三，按句义看，"以强力侵略为能事的"一语尽可删去；"以……为能事"这个熟语，白话文也用不着。但"以……为……"这句式用处很多，白话文里却没有相当的。如"本会以联络感情，交换知识为宗旨"原算文言，白话可也得这么说。若改成"本会的宗旨是联络感情，交换知识"，固然也明白，可就不够分量似的。一·三·一四"以圆滑为原则"，若改成"是圆滑的"，分量也不同。但这例里的"则"字，尽可以改"却"字。白话文的"则"字，似乎都可以换成

"却"字,或"就"字,或"那么"那个短语,并没有困难。作白话文的爱多用"以"和"则"这两个连词,只是懒。这可以说是因袭文言的病。

以上都是从沿用文言着眼。

一·四·一 他要训练大众,产造一个蓬勃的社会。

一·四·二 兴盛多闹的街啊!

一·四·三 一个丑貌的胖老妇。

一·四·四 七嫂子越长越丰肥了。

一·四·五 (风)一时从后面吹来,使你向前蹲上好几步。

一·四·六 因为我口才的不好,说话总被人认为趣材。

一·四·七 操着那急速而带有些气愤的步伐。

一·四·一"产造",其实是"产生"或"创造"。一·四·二"多闹",只是"热闹"。一·四·三"丑貌的",其实是"丑的"或"丑陋的";这句话也可以说,"丑而胖的老妇"。一·四·四"丰肥",只是

"胖"。一·四·五"蹲",其实是"冲"(去声)。一·四·六"趣材",其实是"打趣的材料"。一·四·一到一·四·四的作者,似乎都在有意避熟就生,创造新语。避熟和创新是好的;语言的生长,这是主要的力量。但得有必要才成。时代改变了,环境改变了,有些旧语不确切了,不适宜了,不够表现了,避熟创新是必要的。我们的时代显然是有这个必要的时代。但是像"产生"、"创造"、"热闹"、"丑"、"丑陋"、"胖"这些词,都还活泼泼的,用不着替身;这几例里所换的新词,反倒见得不亲切。其中"丑貌的"一语,更是文言白话的生凑。一·四·五的作者,也许不知道"冲"(去声)这个词,一·四·六的作者也许不知道"打趣"这个短语,他们觉得有必要创造新语。但按一般的标准看,这些并不是必要的。一·四·七"操",在文言里原有"使用"的意思,如"操舟"之类;引申为"操练",就是"练习"。我们说"体操"、"军操",正用的这个意思。一·四·七是描写学生在阅览室里找不着空位子跑出去的情形。说"用着那急速而带有些气愤的步伐",固然太松泛;说"走着那急速而带有些气愤的步伐",也还见不出那神气。只有"操着",教我们联想到

"体操"和"军操",才能领会到那股劲儿。只在这种情势之下,避熟创新才是必要的。至于上面几例,都可以说是滥增新语的病。

一·四·八　散步可以说是我日常的功课,无论怎样忙,在饭后也要为它牺牲半个钟头。……它在富兰克林和爱迪生的养生秘诀(里)也占有很重要的地位。它不独在理论上是合法,而且实用起来,也的确够味。

一·四·九　它们(指道德和体格的修养)是需相当长久的时间。

一·四·一〇　和着恐怖奔腾澎湃呼呼的风声。

他称代词的"她"、"它",都是适应翻译的需要而新造的词。白话文受翻译文体的影响极大,也便通用了这两个词。但在我们口里,女性的他称本来也说"他",现在只是在写下来时换了偏旁,改变很少,所以"他"字到处好用。"它"便不一样。我们口语里向来大都只说"这"、"那"、"这东西"、"那东西"、"这件事"、"那件事"、"这些"、"那些",唯有在"管他呢!""听他去好了!"一类句子里,"他"有时是指一件事,一种情形,似乎相当于"它"字。现在的白话文,渐渐接受了"它"这个词。但只在用作单数来指有形和无形的"物体"时,看着顺眼;若用作复数,或用来指事件,情形,抽象观念,就似乎太生硬,太拗舌了。原来"它"和"他"、"她"读音相同,跟西文三词异音的不一样;有点限制,也是当然的。一·四·八的"它"若改为"这件事",一·四·九的"它们"若改为"这些"或"这些事",便不致像现在这样的别扭了。一·四·一〇"和着",照原作上看,并不是"应和"的意思,而是连词。那么,只是说"和"就够了。作者用"和着",是想教"和"字带动词性,造一个新语。但尽可说"夹着"或别的,用不着这么办。这些可以说是强变词例的病。

以上都是从创用新词着眼。

剪裁一例[*]

文家的添注涂改的原稿可以见出写作的苦心,指示学习写作的途径,是大家都知道的。不过这种原稿总是随手散失,流传的极少。流传的往往只是关于这种原稿的故事,如欧阳修《昼锦堂记》开端"仕宦而至将相,富贵而归故乡",初稿没有两个"而"字,《醉翁亭记》开端"环滁皆山也",初稿是二十多字,后来删剩了五个字,等等。这些故事或逸话也有启发的效用,但究竟是零星、片段的,不如成篇的原稿好。古人的原稿固然难得,近代人的也还是不容易。不过我们已有几部名人手写的日记,如《翁同龢日记》、《越缦堂日记》、《湘绮楼日记》,可以观摩。关于白话诗的,我们也有一部《初期白话诗稿》;可是

---

[*] 选自作者与叶圣陶合著的《国文教学》。

所存录的只有寥寥的几首。

友人浦江清先生前几年给清华大学编选大学一年级国文选，找出欧阳修的两篇《吉州学记》，其中一篇大概是初稿。将这两篇比着看，是很有意思的，原稿既不可见，这种初稿也是很可宝贵的。现在先抄定本，次抄初稿。定本见于《居士集》三十九卷（《四部丛刊》影元刊本，两篇都据此本抄录），《居士集》是欧阳修手定的。初稿见于《外集》十三卷后，有校语云，"与石本异"；《居士集》三十九卷末也有校语，说《外集》所收的一篇"疑是初稿先已传布"。本文想探求欧阳修删改的用意，作为一例，供中学教师和学生的参考。我并不鼓励学生作古文，却觉得学生欣赏古文的能力是应该培养的。

吉州学记（定本）

（一）庆历三年秋，天子开天章阁，召政事之臣八人，问治天下其要有几，施于今者宜何先，使坐而书以对。八人者皆震恐失位，俯伏顿首言："此非愚臣所能及；惟陛下所欲为，则天下幸甚！"于是诏书屡下，劝农商，责吏课，举贤才。其明年三月，遂诏天下皆立学，置学官之员。然后海隅徼塞，四方万里之外，莫不皆有学。呜呼！盛矣。

（二）学校，王政之本也。古者政治之盛衰，视其学之兴废。记曰："国有学，遂有序，党有庠，家有塾。"此三代极盛之时大备之制也。宋兴盖八十有四年而天下之学始克大立，岂非盛美之事须其久而后至于大备欤？是以诏下之日，臣民喜幸，而奔走就事者以后为羞。

（三）其年十月，吉州之学成。州旧有夫子庙，在城之西北。今知州事李侯宽之至也，谋与州人迁而大之，以为学舍。事方上请而诏已下，学遂以成。李侯治吉，敏而有方。其作学也，吉之士率其私钱一百五十万以助。用人之力积二万二千工，而人不以为劳。其良材坚甓之用凡二十二万三千五百，而人不以为多。学有堂筵斋讲，有藏书之阁，有宾客之位，有游息之亭，严严翼翼，伟壮闳耀，而人不以为侈。既成而来学者常三百余人。

（四）予世家于吉而滥官于朝。进不能赞扬天子之盛美，退不得与诸生揖让乎其中。然予闻教学之法，本于人性，磨操迁革，使趋于善。其勉于人者勤，其入于人者渐。善教者以不倦之意须迟久之功，至于礼让兴行而风俗纯美，然后为学之成。今州县之吏，不得久其职而躬亲于教化也，故李侯之绩及于学之立，而不及待其成。惟后之人毋废慢天子之诏而殆以中止，幸予他日因得归荣故乡而谒于学门，将见吉之士皆道德明秀而可为公卿；问于其俗，而婚丧饮食皆中礼节；入于其里，而长幼相孝慈于其家；行于其郊，而少者扶其羸老，壮者代其负荷于道路。然后乐学之道成，而得时从先生耆老席于众宾之后，听乡乐之歌，饮献酬之酒，以诗颂天子太平之功，而周览学舍，思咏李侯之遗爱，不亦美哉！故于其始成也，刻辞于石而立诸其庑以俟。

又（初稿）

（一）庆历三年，天子开天章阁，召政事之臣八人，赐之坐，问治天下其要有几，施于今者宜何先，使书于纸以对。八人者皆震恐失措，俯伏顿首言："此事大，非愚臣所能及，惟陛下幸诏臣等！"于是退而具述为条列。明年正月，始诏州郡吏，以赏罚劝桑农。三月，又诏天下皆立学。

（二）惟三代仁政之本，始于井田而成于学校。记曰："国有学，遂有序，党有庠，家有塾。"其极盛之时大备之制也。凡学，本于人性，磨揉迁革，使趋于善，至于风俗成而颂声兴。盖其功法，施之各有次第；其教于人者勤，而入于人者渐。勤则不倦，渐则持久而深。夫以不倦之意待迟久而成功者，三王之用心也。故其为法，必久而后至太平，而为国皆至六七百年而未已，此其效也。

（三）三代学制甚详，而后世罕克以举。举或不知而本末不备。又欲于速，不待其成而怠。故学之道常废而仅存。惟天子明圣，深原三代致治之本，要在富而教之，故先之农桑，而继以学校，将以衣食饥寒之民而皆知孝慈礼让。是以诏书再下，吏民感悦，奔走执事者以后为羞。

（四）其年十月，吉州之学成。州即先夫子庙为学舍于城西而未备。今知州事殿中丞李侯宽之至也，谋与州人迁而大之。事方上请而诏下，学遂以成。李侯治吉，敏而有方。其作学也，吉之士率其私钱一百五十万以助。用人之力积二万一千工，而人不以为劳。其良材坚甓之用凡二十二万三千五百，而人不以为多。学有堂筵斋讲，有藏书之阁，有宾客之位，有游息之亭。严严翼翼，壮伟闳耀，而人不以为侈。既成而来学者常三百余人。

（五）予世家于吉，滥官于朝廷。进不能赞明天子之盛美，退不能与诸生揖让乎其中。惟幸吉之学，教者知学本于勤渐，迟久而不倦以治，毋废慢天子之诏！使予他日因得归荣故乡而谒于学门，将见吉之士皆道德明秀，可为公卿；过其市而贾者不鬻其淫，适其野而耕者不争垅亩，入其里闾而长幼和，孝慈于其家，行其道途而少者扶羸老，壮者代其负荷于路。然后乐学之道成，而得从乡先生席于众宾之后，听乡乐之歌，饮射壶之酒，以诗颂天子太平之功，而周览学舍，思咏李侯之遗爱，不亦美哉！故于其始成也，刻辞于石以立诸其庑。

这种"记"用意并不在记叙而在颂美。这两篇里只各有一段记吉州学兴建的情形（定本三，初稿四）

却还是颂美李宽的口气。其余各段不外颂美天子兴学和祝望吉州学的成功两层意思。两篇里都有议论学制的兴废（定二，初二、三）和教学之法（定本四，初稿二）的话。论学制的兴废是颂美的根据，论教学之法是祝望的根据，都不是为议论而议论。欧阳修提倡古文，是当时的文坛盟主。他不能轻易下笔，他的文多是有为而作，文中常要阐明一些大道理。这篇记里的大道理便是："学校，王政之本也。"（定二）或"惟三代仁政之本，始于井田而成于学校。"（初二）惟其如此，天子兴学才值得颂美，李宽建学也才值得颂美。惟其如此，才需注重教学之法，才祝望吉州学之道之成。这篇记显然是欧阳修应了李宽和州人士的请求而作的。题目虽小，他却能从大处下笔；虽然从大处下笔，却还是本乡人的口气。

　　初稿繁，定本简，是一望而知的。细加比较，定本似乎更得体些，也更扼要些。论教学之法的话，初稿里和论学制兴废的话混在一起（二），意在表明"以不倦之意待迟久而成功者，三王之用心也"（二）。一方面跟下文"惟幸吉之学，教者知学本于勤渐，迟久而不倦以治"（五）一层意思相照应。定本却将这番话挪到后面，作为祝望吉州学之道之成的引子（四），只是泛论，不提到"三王之用心"一层。这篇记原该以常时的吉州学为主，定本的安排见出这番话虽是泛论，却专为当时的吉州学而说，这番话的分量便显得重些。从组织上看，脉络也分明些。

初稿论学制的兴废甚详（二，三）。定本只落落几句（二）；就中"古者政治之盛衰，视其学之兴废"二语，概括了初稿里"惟三代仁政之本，……成于学校"，"而为国皆至六七百年而未已，此其效也"（二），"三代学制甚详"（三）诸语的意思。不但节省文字，并且不至于将"三代"说得过多，使人有轻重失宜之感。初稿"三代"三见（二，三），"三王"一见。定本"三代"只一见（二）；"古者"其实也是三代，但变文泛指，语气便见得轻了。初稿"三代学制甚详"下接"而后世罕克以举。举或不知而本末不备。文欲于速，不待其成而怠。故学之道常废而仅存。惟天子明圣，深原三代致治之本，要在富而教之，故先之农桑，而继以学校，将以衣食饥寒之民而皆知孝慈礼让"。这一节里"又欲于速"二语以及末一语，和上下文（二，五）是照应着的。但定稿只说，"宋兴盖八十有四年而天下之学始克大立，岂非盛美之事须其久而后至于大备欤？"（二）对照起来，初稿便显得拖泥带水了。再说初稿虽是颂美仁宗的明圣，而宋代在前诸帝为什么不曾兴学，却没有提及。这固然不算语病。可是像定稿那样用不定的语气解释一下，就圆到得多，而且也更得立言之体似的。而所谓"须其久而后至于大备"也是照应着下文"须迟久之功"（四）那一语的。

天子的诏也是这篇记的主要节目。这是颂美天子的节目，两稿中都各见了三次（初一，三，五，定一，二，四），成为全篇组织的纲领。只在第三次见时，两稿都作"毋废慢天子之诏"，别的便都不大相同；而第一段里异同更多。第二次见时，初稿作"是以诏书再下，吏民感悦，奔走执事者以后为羞"（三），定本作"是以诏下之日，臣民喜幸，而奔走就事者以后为羞"（二）。前者"再下"，针对上文正月三月两回诏书（一）说，是纪实。后者"诏下"，针对上文"诏书屡下"说，却专指立学的诏而言。"吏民"改为"臣民"为的更得体些。加"而"字，为的是声调柔和些，姿态宛转些。下诏的经过初稿里是这样："明年正月，始诏州郡吏，以赏罚劝桑农。三月，又诏天下皆立学"（一）。这也是纪实，却将两回诏书不分轻重。下文也是将劝农桑和立学校相提并论

(三)。定本里是:"于是诏书屡下,劝农桑,责吏课,举贤才。其明年三月,遂诏天下皆立学,置学官之员。然后海隅徼塞,四方万里之外,莫不皆有学。呜呼!盛矣"(一)。这儿便侧重到立学一边来了。第一回的诏书说是"屡下",可见不止一通,又用排语分列三目,都比初稿清楚。接着道:"其明年三月,遂诏——"这是大书特书;初稿只作"三月,又诏"(一),语气便轻缓得多。

定本"诏天下皆立学"下加"置学官之员"一语。"置学官之员"原是立学所必有的程序,可以不说出;说出只是加重分量,吸引读者注意。接着又添上"然后海隅徼塞,四方万里之外,莫不皆有学"三语。这三语其实只是天下皆有学的意思。既已"诏天下皆立学",自然会天下皆有学的;是信其必然,不是叙其已然。天下皆立学,不会那么快——吉州学不是到十月才成吗?"然后"是说将来;"莫不"是加强语气,表示信心。这几句话不但见出欧阳修的意旨侧重在立学一边,并也增加颂美的力量,"呜呼!盛矣"一结可见。

可是,初稿确说庆历四年"正月,始诏州郡吏,以赏罚劝桑农",定本只说"于是诏书屡下","于是"

是很含混的，可暂可久。接着说"其明年三月，遂诏——""其明年"原只是"那第二年"的意思，这里虽不一定涵蕴那"诏书屡下"的事是在庆历三年，可是就文论文，读者大概会这样解释的。这就不免为文字的强调牺牲了事实的清楚，不免是语病。

两稿开端都有"天子开天章阁，召政事之臣八人，——"一节话。这表示郑重其事，也是颂美的意思。初稿说："八人者皆震恐失措，俯伏顿首言：'此事大，非愚臣所能及，惟陛下幸诏臣等！'于是退而具述为条列。"颂美之中，还以纪实为主。定本改作："八人者皆震恐失位，俯伏顿首言：'此非愚臣所能及，惟陛下所欲为，则天下幸甚！'"将功德全归到皇帝一人身上，颂美更到家，也就更得臣子立言之体了。这里却并不牺牲事实。皇帝决不至于自己起草条例，那还是八个人的份儿；这是当理，原不消说得的。"此非愚臣所能及"，省去初稿里"事大"二字，将两语缩为一语，还是一样明白。"失措"换成"失位"，是根据上文来的。初稿上文作"赐之坐""使书于纸以对"，定本并为"使坐而书以对"，自然简洁得多。因为"使书于纸"，所以说"失措"；因为"使坐而书"，所以说"失位"。

这篇记意在颂美仁宗兴天下学，李宽兴吉州学。定本第三段初稿第四段记吉州学兴建的经过，是以颂美李宽为主。两稿末段里说到"以诗颂天子太平之功，而周览学舍，思咏李侯之遗爱，不亦美哉！"将天子之功和李侯之遗爱并提，正是全篇主旨所在。篇中叙吉州学，说李宽原有立学之意，"事方上请而诏已下"（定三，初四略同）；不谋而合，相得益彰。这表示他能见其大。但初稿说："州即先夫子庙为学舍于城西而未备。今知州事殿中丞李侯宽之至也，谋与州人迁而大之"（四）。定本却说："州旧有夫子庙在城之西北。今知州事李侯宽之至也，谋与州人迁而大之，以为学舍"（三）。"迁而大之"就是"变而大之"。照初稿，吉州人本已将夫子庙改为学舍，李宽来，才"与州人迁而大之"。照定本，就夫子庙建立学舍完全出于他的意思。在定本里，李宽的功绩自然更大。但初稿所叙的好像是事实。大约欧阳修因为要颂美李宽，便将事实稍稍歪曲了一下。好在这一层关系本不大；而欧阳修是本州人，不提本州人这一层微小的功绩而将它全归到李宽身上，也许还算是得体的。

篇中可并没有忽略州人士的合作。只看叙李宽作学,第一件便是"吉之士率其私钱一百五十万以助"(定三,初四)。以下三层排语,连说"而人不以为劳"、"而人不以为多"、"而人不以为侈",这"人"自然是吉州人。这些话主在颂美李宽,而州人士的助成其事,也就附见。篇中叙李宽,只就他作学说。可是他的一般治绩也并没有阙而不书;这就是"敏而有方"(定三,初四),四个字是尽够的了。若不插这一句,读者也许会疑心到李宽只是作学一事可取;那样,在作者方面,就算不得体了。

欧阳修世家于吉而官于朝(定四,初五)。在他的立场,颂扬天子称美李宽是立言之体的当然。从现代的我们看,也许觉得无聊,但在他当时却只有这样作才合式。他又是以道自任的古文家,对于兴学怀抱着一番大道理。天下兴学,固然可以实现他怀抱着的那一番大道理;吉州兴学,也可以实现他怀抱着的那一番大道理。他便借记吉州学的机缘将那一番大道理倾吐出来,作为他对于本州的学的关切和希望。这就是篇末的一段儿(定四,初五)。他盼望能够"乐学之道成"。所谓"学之道成"就是"谒于学门"以下几层意思。这些只是表示理想,不是表示信心;可是只要"后之人毋废慢天子之诏而殆以中止"(定四,初五略同），那些理想也未尝不可以实现。那些理想大概本于《孟子·梁惠王篇》里的话。这一段里主要的是勉励的口气。定本篇末一语作"故于其始成也，刻辞于石而立诸其庑以俟"，"以俟"二字初稿里没有。加上这两个字，更见作者对于州学的迫切的关怀和希望。

描写"学之道成"一节，两稿都用排语；排语紧凑些，复沓的组织使力量集中。初稿里排语从"谒于学门"到"行其道途"共五层。定本删去"过其市"、"适其野"两层，插入"问于其俗"一层。细看"过其市"一层不免琐屑，不如插入的一层浑括而大方。"适其野"一层，似乎已涵蕴在后二层里。在句式上，定本的四层是"谒于学门"、"问于其俗"、"入于其里"、"行于其郊"，也比初稿更整齐，更合于排语的组织些。定本末段里还有："今州县之吏不得久其职而躬亲于教化也，故李侯之绩及于学之立，而不及待其成"一节。那时州县之吏是三年一任，所以才有这几句话，这一节话是很重要的；不说出来下文的"李侯之遗爱"便有点突兀了。这也是定本胜于初稿的地方。

写作杂谈[*]

一、文　　脉

多年批改学生作文,觉得他们的最大的毛病是思路不清。思路不清就是层次不清,也就是无条理。这似乎是初学作文的人不能免的毛病,无论今昔,无论文言和白话——不过作文言更容易如此罢了。这毛病在叙述文(包括描写文)和抒情文里比较不显著,在说明文和议论文里就容易看出。实际生活中说明文和议论文比叙述文和抒情文用得多,高中与大一的学生应该多练习这两体文字;一面也可以训练他们的思想。本篇便着眼在这两体上;文言文的问题比较复杂,现在且只就白话文立论。因为注重"思路"怎样

---

[*] 选自作者与叶圣陶合著的《国文教学》。

表现在文字里,所以别称它为"文脉"——表现在语言里的,称为"语脉"。

现在许多青年大概有一个误解,认为白话文是跟说话差不多一致的。他们以为照着心里说的话写下来就是白话文;而心里说的话等于独自言语。但这种"独自言语"跟平常说话不同。不但不出声音,并且因为没有听者,没有种种自觉的和不自觉的制限,容易跑野马。在平常谈话或演说的时候,还免不了跑野马;独自思想时自然更会如此。再说思想也不一定全用语言,有时只用一些影像就过去了。因此作文便跟说话不能一致;思路不清正由于这些情形。说话也有没条理的;那也是思想训练不足,随心所向,不加控制的缘故。但说话的条理比作文的条理究竟容易训练些,而训练的机会也多些。这就是说从自然的思路变成文脉,比变成语脉要难。总之,从思想到语言,和从思想到文字,都需要一番努力,语言文字清楚的程度,便看努力的大小而定;若完全随心所向,必至于说的话人家听不懂,作的文人家看不懂。

照着心里说的话写下来,有时自己读着,教别人听,倒也还通顺似的;可是叫别人看,就看出思路不清来了。这种情形似乎奇特,但我实地试验过,确有这种事。我并且想，许多的文脉不调正是因为这个缘故。现在的青年练习说话——特别是演说——的机会很多，应该有相当的控制语言的能力，就是说语脉不调的应该比较前一代的青年少。他们练习作文的机会其实也比较前一代多；但如上文所论，控制文字确是难些。而因为作的是白话文，他们却容易将语脉混进文脉里，减少自己的困难，增加自己的满足；他们是将作文当做了说话的记录。但说话时至少有声调的帮助，有时候承转或连贯全靠声调；白话文也有声调，可是另一种，不及口语声调的活泼有弹性，承转或连贯处，便得另起炉灶。将作文当说话的记录，是想象口语声调的存在，因此就不肯多费气力在承转或连贯上；但那口语的声调其实是不存在的。这种作文由作者自己读，他曾按照口语的声调加以调整，所以听起来也还通顺似的。可是教别人看时，只照白话文的声调默读着，只按着文脉，毛病便出来了。那种自己读时的调整，是不自觉的，是让语脉蒙蔽了自己；这蒙蔽自己是不容易发现的，因此作文就难改进了。

　　思想、谈话、演说、作文，这四步一步比一步难，一步比一步需要更多的条理；思想可以独自随心所向，谈话和演说就得顾到少数与多数的听者，作文更得顾到不见面的读者，所以越来越需要条理。语脉和文脉不同，所以有些人长于说话而不长于作文，有些人恰相反；但也有相关联的情形。说话可以训练语脉；这样获得的语脉，特别是从演说练习里获得的，有时也可以帮助文脉的进展。所以要改进作文，可以从练习演说下手。但是语脉有时会混入文脉，像上一段说的。在这种情形下，要改进作文，最好先读给人听，再请他看，请他改，并指出听时和看时觉得不同的地方。但是这件事得有负责的而且细心的教师才成。其实一般只要能够细看教师的批改也就很好。不过在这两种情形下，改本都得再三朗读，才会真得到益处。现在的学生肯细看教师的批改的已经很少，朗读改本的大概没有一个。这固然因为懒，也因为从来没有受到正确的朗读训练的缘故。现在白话文的朗读训练只在小学里有，那其实不是朗读，只是吟诵；吟诵重音节，便于背，却将文义忽略，不能训练文脉。要训练文脉，得用宣读文件的声调。我想若从小学时代起就训练这种正确的朗读，语脉混入文脉的情形将可减少，学生作文也将容易进步。

再次是在作文时先写出详细的纲目。这不是从声调上下手，而是从意义上，从意念的排列上下手。这是诉诸逻辑。纲目最好请教师看看。意念安排得有秩序，作起文来应该容易通顺些。不过这方法似乎不及前两者直截而自然。还有，作文时限制字数，或先作一段一段的，且慢作整篇的，这样可以有工夫细心修改；但得教师个别的指正，学生才知道修改的路子。这样修改的结果文脉也可以清楚些。除了这些方法之外，更要紧的是多看，多朗读，多习作（三项都该多在说明和议论两体上下工夫）。这原是老生常谈，但这里要指出，前两项更重要些；只多作而不多看多读，文脉还是不容易获得的。

二、标点符号

历年批改大学一年级学生的作文，觉得他们对于标点符号的使用很不在意。他们之间，和一般人之间一样，流行着一句熟语："加标点。"他们写作，多数是等到成篇之后再"加"标点符号的。这显然不是正确的办法。白话文之所以为白话文，标点符号是主要的成分之一。标点符号表明词句的性质，帮助达意的明确和表情的恰切，作用跟文字一样，绝不是附加在文字上，可有可无的玩意儿。本来没有标点符号的古书和文言，为了帮助别人了解或为了自己了解正确，可以"加"上标点符号去。但是自己写作，特别是白话文，该将标点符号和文字一样看待、同等使用，随写随标点，才能尽标点符号的用处。若是等文字写成篇再"加标点"，那总是不会切合的。古书和原无标点符号的文言，"加标点"后往往有不切合处；那是古今达意表情的方式不同，无可奈何。自己写作，特别是白话文，标点符号正是支持我们达意表情的方式的，不充分利用，写作的效果便会因而减少。我们说话时靠得种种声调姿势帮助；写作时失去这种帮助，标点符号可以替代一部分。明白这个道理，便知道标点符号跟文字的关系是有机的——后"加"上去，就不是有机的了。

现在的学生乃至一般人往往乱用或滥用标点符号，结果标点符号真成了可有可无的东西似的。在达意方面，学生的作文里最常见的是逗号（，）和分号（；）的乱用。分号介在逗号和句号（。）之间，主要的作用在界划较长的句语和较短而意义上紧密的联系着的句子。青年们和一般人不大容易弄清楚这个符号的用处，是大家都知道的。有时他们似乎将它当逗号用，有时又似乎将它当句号用；用得合式的很少。

这个符号本来复杂些，用错了还可以说是在意中。像逗号，很简单，乱用的却也很多，或许是一般想不到的。学生们作文里用逗号最多，往往一段文字只在段末有个句号，其余便是一大串逗号。这使人看不清他们的意义，摸不清他们的思路。他们似乎将逗号只当作停顿的符号用，而不管停顿的长短；更不管意义的分界。他们不大用句号，是一个可注意的现象。他们似乎没有清楚的"句"的意念。学生们作文，常犯思路不清或层次不明的毛病；这少用句号也是征象之一。此外还有惊叹号的滥用，似乎是一般的情形。就像公函中"为荷"下的惊叹号，便大可不必——句号尽合式了。更有爱用双惊叹号或三惊叹号的，给予读者的效果往往只是浮夸不实。

教育部二十年前就颁行过标点符号施行条例①，起草的是胡适之先生。但是青年们和一般人注意这个条例的似乎不多。原因大约有好几种。一是推行的不尽力。这种条例应该常在青年读物或一般读物里引用，让大家常常看见，常常捉摸，才有用处。可是事

---

① 这个标点符号施行条例，是当时的教育部于 1920 年根据"国语统一筹备会"议决案颁布的。——编者注

实不然。中学教科书里虽然偶有论到标点符号的，也不多，教师们又不认真去教，成效自然少见。二是例句不合式。条例中所举的例句都是古书和文言，加上一些旧小说的白话，现代的白话文记得似乎没有。条例颁行的时期，白话文运动刚起头儿，为起信的缘故，只举旧例，也是一番苦心。可是如上文所论，这种例句"加"上标点符号，究竟不很自然；这种例句并不能充分表示每种标点符号的用处。再说既然都是旧例，爱读现代白话文的，便不免减少阅读的兴趣，不大去注意。我想教育部若能将那条例修订一番，细心选择现代白话文作为主要的例句，一面责成中学教师切实教授，并在改文时注意，标点符号的用法会渐渐正确起来的。不过，更重要的是，青年们得养成随文标点的习惯，一面还得在读现代白话文时随时体会一标一点的意味，学习正确的用法才成。

人　　话[*]

在北平待过的人总该懂得"人话"这个词儿。小商人和洋车夫等等彼此动了气,往往破口骂这么句话:

你懂人话不懂!——要不就说:

你会说人话不会!

这是一句很重要的话,意思并不是问对面的人懂不懂人话、会不会说人话,意思是骂他不懂人话,不会说人话。不懂人话,不会说人话,干脆就是畜生!这叫拐着弯儿骂人,又叫骂人不带脏字儿。不带脏字儿是不带脏字儿,可到底是"骂街",所以高尚人士不用这个词儿。他们生气的时候也会说"不通人性"、"不像人"、"不是人",还有"不像话"、"不成话"

---

[*] 选自1948年4月27日北平《新生报·语言与文学》。

等等，可就是不肯用"人话"这个词儿。"不像话"、"不成话"是没道理的意思；"不通人性"、"不像人"、"不是人"还不就是畜生？比起"不懂人话"、"不说人话"来，还少拐了一个弯儿哪。可是高尚人士要在人背后才说那些话，当着面大概他们是不说的。这就听着火气小，口气轻似的，听惯了这就觉得"不通人性"、"不像人"、"不是人"那几句来得斯文点儿，不像"人话"那么野。其实，按字面儿说，"人话"倒是个含蓄的词儿。

北平人讲究规矩；他们说规矩，就是客气。我们走进一家大点儿的铺子，总有个伙计出来招待，呵呵腰说："您来啦？"出来的时候，又是个伙计送客，呵呵腰说："您走啦，不坐会儿啦？"这就是规矩。洋车夫看见同伙的问好儿，总说："您老爷子好？老太太好？""您少爷在哪儿上学？"从不说"你爸爸"、"你妈妈"、"你儿子"，可也不会说"令尊"、"令堂"、"令郎"那些个，这也是规矩。有的人觉得这是假仁假义，假声假气，不天真，不自然。他们说北平人有官气，说这些就是凭据。不过天真不容易表现，有时也不便表现。只有在最亲爱最亲近的人面前，天真才有流露的机会；再说天真有时就是任性，也不一定是可爱的。所以得讲规矩。规矩是调节天真的，也就是"礼"，四维之首的"礼"。礼须要调节，得有点做作是真的，可不能说是假。调节和做作是为了求中和、求平衡、求自然——这儿是所谓"习惯成自然"。规矩也罢，礼也罢，无非教给人做人的道理。我们现在到过许多大城市，回想北平，似乎讲究规矩并不坏，至少我们少碰了许多硬钉子。讲究规矩是客气，也是人气，北平人爱说的那套话都是他们所谓"人话"。

别处人不用"人话"这个词儿，只说讲理不讲理，雅俗通用。讲理是讲理性，讲道理。所谓"理性"（这是个老名词，重读"理"字，翻译的名词"理性"重读"性"字），自然是人的理性，所谓道理也就是做人的道理。现在人爱说"合理"，那个理的意思比"讲理"的"理"宽得多。"讲理"当然"合理"，这是常识，似乎用不着抬出西哲亚里士多德的大帽子说"人是理性的动物"。可是这句话还是用得着，"讲理"是"理性的动物"的话，可不就是"人话"？不过不讲理的人还是不讲理的人，并不明白地包含着"不懂人话"、"不会说人话"的意思。讲理不一定和平，上海的"讲茶"就常教人触目惊心的，可是看字面儿，"你讲理不讲理"的确比"你懂人话不懂"、"你会说人话不会"和平点儿。"不讲理"比"不懂人话"、"不会说人话"多拐了个弯儿，就不至于影响人格了。所谓做人的道理大概指的恕道，就是孔子说的"己所不欲，勿施于人"，而"人话"要的也就是恕道。按说"理"这个词儿其实有点儿灰色，赶不上"人话"那个词儿鲜明，现在也许有人觉得还用得着这么个鲜明的词儿。不过向来的小商人洋车夫等等把它用得太鲜明了，鲜明得露了骨，反而糟踏了它，这真是怪可惜的。